구약성서 형성의 역사 03

신명기 역사

구 약 성 서
형성의 역사
03

신명기 역사

로버트 쿠트 지음
우택주 옮김

THE DEUTERONOMISTIC HISTORY

한울
아카데미

"요시야처럼 마음을 다하고 뜻을 다하며 힘을 다하여 모세의 모든 율법을 따라 여호와께로 돌이킨 왕은 요시야 전에도 없었고 요시야 후에도 그와 같은 자가 없었더라."

— 열왕기하 23장 25절

차례

추천의 글 9
한국어판을 위한 저자 서문 11
글을 옮기면서 14

제1부: 신명기 역사

1. 들어가는 말: 통치권을 정당화하는 역사 23
2. 정치적 반대를 물리치다 29
3. 역사의 기초와 히스기야의 역할 34
4. 신명기 역사는 정치 이야기이다 40
5. 신명기 역사서의 자료 57
6. 요시야의 개혁 64
7. 요시야 개혁의 역사 86
8. 여호수아서의 역사적 상황으로서 히스기야의 개혁과
신명기 역사서의 구조 108

제2부: 관련 주제

1. 이스라엘의 등장, 다시보기 115

2. 이스라엘의 사회적, 경제적 발전 145

3. 땅/토지 161

4. 엘리야 176

5. 엘리사 184

6. 이스라엘의 역대왕조 (도표) 188

추천의 글

은사 되시는 GTU(버클리의 신학대학원연합)에서 가르치셨던 쿠트(Robert B. Coote) 교수의 『신명기 역사』 번역을 축하합니다. 이 책은 신명기 역사서를 지파와 왕권 간의 갈등에 기초하여 다윗 왕조의 합법성을 전하는 문서로 이해하면서 왕정시대부터 포로기까지의 역사를 설득력 있게 서술합니다. 이 책을 읽으면서 신명기 역사에 대한 다양한 토론과 대화를 통하여 구약의 흐름을 폭넓게 이해하고 성서학에 대한 도전을 받았던 기억이 새롭습니다. 박사 과정에서 함께 수학하면서 아름다운 추억을 나누던 존경하고 사랑하는 우택주 교수의 세련된 번역으로 구약신학의 지평을 넓히는 귀한 기회가 될 것을 믿기에 일독을 권합니다.

배정훈 교수(장로회신학대학교, 전 구약학회장)

신명기 역사에 관한 대부분의 연구가 저자와 편집시기에 관한 논의에 집중되었다면, 이 책은 신명기 역사서의 기원과 의미(목적), 그리고 그 역사를 풀어가는 내러티브(여호수아에서 열왕기하까지)의 중심 주제(율법, 땅, 한곳에서의 제의/성소, 예언)에 초점을 맞추고 있다는 점에서 다른 연구와 차별성이 있다. 특별히 쿠트 교수가 신명기 역사(DtrH)를 다윗 가문의 이스라엘 통치권을 내러티브 형식으로 정당화하는 변증서(apologia)로 정의하면서 땅의 정복을 다루는 여호수아서의 중요성을 부각시키고 있는 점이 독특해 보였다. 제2부의 논문들은 제1부의 중심 주제를 심층적으로 이해하는 데 도움을 주려는 번역자 우택주 교수의 세심한 배려가 엿보이는 편집구성이다. 이차적인 학자들의 논의보다는 성서본문 배후의 정치, 사회경제적 의미를 직접 살피는 사회학적 성서비평에 관심 있는 독자에게 우선 추천하고 싶은 책이다.

이영미 교수(한국신학대학교)

신명기 역사서는 주로 여호수아로부터 열왕기하까지의 역사서에 담겨 있는 신명기 신학 사상에 의해 규정돼 왔다. 쿠트(Robert B. Coote) 교수는 '신명기역사'를 신학이라는 종교적 관점에 국한하지 않고 성서 세계의 특성인 종교와 사회-정치의 통합적 관점을 견지하며 신선한 접근을 한다. 개혁이 다윗 왕조의 중앙집권을 공고히 하기 위한 의도와 맞물려 있음과 요시야는 물론 히스기야의 개혁에도 그런 의도가 스며들어 있음을 여호수아서와의 상관관계 속에서 풀어낸다. 그동안 쿠트 교수의 저서들을 우리말로 깔끔하게 옮겨왔던 우택주 교수의 번역을 통해 신명기역사서에 대한 새 통찰과 조우하기를 적극 권한다.

홍성혁 교수(서울신학대학교)

한국어판을 위한 저자 서문

여러분이 읽고 있는 이 책은 히브리 성서라고도 부르는 구약성서에서 상당히 많은 분량을 차지하고 있는 책들, 즉 신명기부터 열왕기하(룻기는 제외)까지의 역사적 기원과 의미에 관한 글을 한국어로 옮긴 것이다. 필자는 이 글을 이십 년 전에 *New Interpreter's Bible의* 여호수아서 주석을 출판하기 위해 쓰기 시작했다.[1] 그리고 그 글은 필자가 신학교에서 가르치는 마지막 10여 년 동안 학생들에게 신명기와 전기예언서의 서론을 공부시키기 위해 과제물로 내주면서 확대 개정되었다. 그중에서 여호수아서 주석의 서론만큼은 개정하지 않고 그대로 두었다. 현재 이 글은 2014년에 완성되어 영어가 아닌 인도네시아어로 처음 출판되었다.[2]

여기에 소개하는 신명기 역사서에 관한 필자의 견해는 히브리 성서의 학자들이 만장일치로 동의하는 내용이 아니다. 이 글이 전개하는 내용 상당 부분은 이 분야의 대표적인 학자들이 대체로 인정하는 내용이지만 어떤 학자들은

1 *The Book of Joshua: Introduction, Commentary, and Reflections*, in *The New Interpreter's Bible*, ed. Leander E. Keck, Vol. II (Nashville: Abingdon, 1998), 553~719.

2 Robert B. Coote, *Sejarah Deuteronomistik: Kerdaulatan Dinasti Daud atas Wilayah Kesukuan Israel* (with introduction by John A. Titaley; trans. Donna Hattu; Jakarta: Gunung Mulia, 2014).

거의 모든 내용을 반박하기도 한다. 성서학은 어느 부분이나 늘 그렇다. 신명기 역사서에 관한 최근 논쟁의 주안점은 내용의 상당 부분이 포로 전기 혹은 포로기 혹은 포로 후기에 기록되었는지에 관한 문제에 집중되어 있다. 대다수 학자들과 마찬가지로 필자는 신명기 역사서가 언급하는 정치적 이슈, 즉 다윗 왕조와 정치국가 이스라엘 사이의 관계는 일차적으로 다윗 왕조가 건재하던 시절(물론 다윗 왕조가 신바벨론 제국 시절에 유배된 사건 즉 '포로기'를 포함하여)에 중요했으며 다윗 왕조가 존속하던 때 이 역사서가 점차로 완성되었다고 본다. 이것을 부인할 정도로 의미 있는 증거는 아직 존재하지 않는다. 그래서 필자는 이 역사서가 바로 그 시기에 작성되었다는 점을 지속적으로 주장해왔다.

이 역사서의 핵심 주제인 다윗 왕조의 합법성 문제는 다윗 왕조가 시작되면서부터 제기되었음이 틀림없다. 그러므로 이 역사서를 생성한 요체로서 사무엘하서에 기록된, 왕조를 창건한 다윗의 통치 기사와 그를 계승한 솔로몬에 관한 열왕기상서의 기사가 한때 널리 유포되었으며 다수의 학자들이 여전히 주장하고 있는 것처럼 다윗 자신의 시절에 작성되었다고 주장하는 것이 자연스럽다. 다윗 왕조는 두 세대 만에 와해되었지만 왕조 자체는 존속하였다. 그리고 후대의 이스라엘 군주들은 무시하고 지나쳤지만 이스라엘의 통치권이 다윗 왕조에게 있다는 주장은 결코 사라진 적이 없다. 주전 8세기 후반 이스라엘의 마지막 군주들이 사라진 뒤에 그런 주장은 다시 살아났다. 신명기 역사서에 표현되고 있는 실체가 바로 이 전승이다. 그것은 다윗 왕조 말엽까지 계속해서 다시 진술되고 개정되었다.

이 글을 읽는 한국 독자들은 이 글을 처음 읽게 될 미국의 독자들보다 많은 이점을 갖고 있다. 미국인들은 지난 이백 년 동안 군주제도를 겪어보지 않아서 이에 대하여 아는 바가 전혀 없다. 그래서 열정을 갖고 역사적 연구를 하지 못했다. 그런 연구는 있다 해도 아주 드물었다. 미국인들은 지역 권력들이 서로 싸우다가 거대 권력으로 성장하여 지배적 왕정으로 발전했다가 사라지는 역사에 대한 토착적인 깨달음이나 문화적 기억이 없다. 이와 반대로 여러 세기에 걸쳐 왕조가 존속했던 역사를 간직하는 한국 독자들은 이 책에서 고대의 왕조에 대하여 설명하는 내용과 그것이 경쟁적인 세력을 겨냥해서 어떤 주장을 펴고 또 개념화하는지를 별다른 어려움 없이 잘 이해할 수 있을 것이다.

Robert B. Coote

2021년 11월 10일

글을 옮기면서

'신명기 역사서'란 구약성서의 신명기, 여호수아, 사사기, 사무엘상하, 열왕기상하를 통칭하는 학술용어입니다. 1805년 드 베테(W. M. L. de Wette)는 열왕기하 22~23장에 기록되어 있듯이 성전을 수리하다가 발견한 율법책이 신명기 12~26장을 포함한 초기 버전이라는 주장을 최초로 표명했습니다. 히브리 성서의 구분에 따라 '전기예언서(Former Prophets)'에 속하는 열왕기서와 오경의 다섯 번째 책인 신명기 사이에 역사적이자 문학적인 연결고리가 있음을 발견한 것입니다. 잘 알려진 대로 1878년에 벨하우젠(Julius Wellhausen)은 오경이 J(야휘스트 문서)-E(엘로히스트 문서)-D(신명기 문서)-P(제사장 문서)의 순서를 따라 작성되었다는 문서가설을 집약하고 정리했습니다. 20세기 초인 1943년에 독일학자 마르틴 노트(Martin Noth)는 여호수아서부터 열왕기하까지의 성서가 이스라엘과 유다의 멸망이 언약을 어긴 민족에게 하나님이 내리신 피할 수 없는 엄중한 심판 때문이라는 사상을 표명한 역사서이며 주전 550년경 바벨론 포로시대에 팔레스타인에서 살던 한 명의 저자가 신명기서의 신학사상에 입각하여 여러 가지 자료를 취합하여 작성한 것이라는 주장을 폈습니다(단일편집설).[1] 이어서 1953년에는 폰 라트(Gerhard von Rad)가 이 신명기 역사

---

1 Martin Noth, *Überlieferungsgeschichtliche Studies*(3rd ed.; Tübingen: Max Neimeyer

의 주제를 너무 비관적으로 보는 노트의 입장에서 탈피하는 주장을 폅니다. 그는 사무엘하 7장의 다윗 언약과 열왕기하 25장이 포로로 끌려간 유다의 여호야긴 왕의 석방을 전한다는 점에 착안하여 신명기 역사서는 다윗 언약이 여전히 유효하므로 회개하고 하나님의 약속을 믿으라는 희망, 즉 메시아 대망을 말한다고 주장했습니다. 또 볼프(H. W. Wolff)는 사사기가 배교-징벌-회개-구원의 틀을 따르고 있다는 점에 근거하여 신명기 역사서는 나라의 멸망을 하나님의 징벌로 보고 징벌 다음 단계인 '회개'를 전하는 케리그마를 지닌 신학적 역사서라고 풀이했습니다.

신명기 역사서를 누가 기록했는지에 관한 질문은 다양한 해법으로 이끌었습니다. 북왕국의 지방에서 활동하던 예언자 집단(E. W. Nicholson)이라거나 레위인 제사장(H. H. Wolff)이라거나 예루살렘 궁전의 서기관(M. Weinfeld)이라는 주장에 이어서 사회학 이론을 활용하여 왕실관료, 예언자, 제사장, 서기관 등이 포함된 엘리트 파벌의 합작이라는 견해(P. Dutcher-Walls)까지 나온 상태입니다.

한편, 스멘트(R. Smend), 디트리히(W. Dietrich), 베이올라(T. Veijola) 등의 괴팅겐 학파라고 부르는 학자들은 이 긴 역사서에 포함된 다양한 자료에 주목하여 삼중편집이론을 펼칩니다. 그들은 이 역사서가 포로기의 역사자료(DtrG 혹은 DtrH)에 예언자 자료(DtrP)와 율법 자료(DtrN)가 순차적으로 추가 편집되면서 포로 후기 초에 완성된 것으로 보았습니다. 이와 달리 미국 하버드 대학의 프랭크 크로스(Frank M. Cross)는 이 역사서가 요시야 왕 시절의 개혁을 위해 처음 작성되었는데(Dtr1), 요시야가 급작스럽게 죽은 뒤 바벨론에 포로로 끌려간 유다 왕실이 멸망의 이유를 신학적으로 해석한 내용을 추가하여 개정한 것(Dtr2)이라고 이중편집설을 주장했습니다. 또 바이페르트(H. Weippert), 배릭(B. Barrick), 르메르(A. Lemaire), 캠벨(A. Campbell), 오브라이언(M. O'Brien),

---

Verlag, 1957), 영역 *The Deuteronomistic History* (Sheffield: JSOT Press, 1981).

프로반(I. Provan), 할펀과 반더후프트(B. Halpern and D. Vanderhooft) 같은 학자들은 위의 두 가지 이론보다 더 많은 편집 과정을 거쳤다는 다중편집 이론을 제시하기도 했습니다.[2] 가장 최근에는 뢰머(T. Römer)가 신명기 12장 분석을 근거로 주전 7세기 말(신 12:13~18), 포로기(12:8~12), 그리고 포로 후기(12:1~7)에 각각 세 번에 걸친 편집작업의 결과로 완성되었다는 삼중편집설을 주장하기도 했습니다.[3]

이렇게 세계의 성서신학자들은 이 긴 역사서의 저자, 신학적 주제, 작성과정과 작성방식 등을 놓고 끊임없이 새로운 연구결과를 내놓고 있습니다. 이 책의 저자 로버트 쿠트 교수님은 자신의 스승이신 하버드 대학교 프랭크 크로스 교수님의 이중편집설을 골자로 삼고 있지만 이것을 더욱 심화, 발전시키고 있습니다. 교수님은 요시야 개혁과 신명기 역사의 긴밀한 관계에 초점을 두면서도 히스기야의 개혁(왕하 18:1~8; 대하 29~31장)과 여호수아서의 기능을 보다 적극적으로 고려하여 해석합니다. 신명기 역사서는 본질적으로 왕실이 기록한 국가의 정치문서이기 때문에 그 문서는 당대의 유다 왕들 즉 히스기야, 므낫세, 아몬, 요시야가 직면한 국내외의 정치적 현실과 깊숙이 연관되어 있다고 보는 것입니다. 그의 관점은 뛰어난 설득력을 갖고 있습니다.

그러나 쿠트 교수님은 앞의 '한국어판을 위한 저자 서문'에서 밝힌 것처럼 이미 출판된 여호수아서 주석에서 서문을 제외하고 자신의 입장을 상당히 변경했다고 말씀합니다.[4] 이 책은 신명기 역사에 대한 교수님의 최종적인 견해

---

2 Gary N. Knoppers, *Two Nations Under God: The Deuteronomistic History of Solomon and the Dual Monarchies, Vol. 1: The Reign of Solomon and the Rise of Jeroboam* (Atlanta: Scholars Press, 1993), 17~54.

3 Thomas Römer, *The So-Called Deuteronomistic History: A Sociological, Historical and Literary Introduction* (New York: T & T Clark International, 2005).

4 *The Book of Joshua: Introduction, Commentary, and Reflections, in The New Interpreter's Bible*, ed. Leander E. Keck, Vol. II (Nashville: Abingdon, 1998), 553~719. Robert B. Coote and Mary P. Coote, 『성서와 정치권력』, 장춘식 역[서울: 한국신학연구

를 담고 있습니다. 교수님은 과거에 요시야의 개혁을 반앗수르 개혁이라고 생각했던 것을 포기했습니다. 오히려 앗수르가 이집트와 더불어 요시야의 개혁을 권장하고 도와주었을 것이라고 말합니다. 반앗수르 개혁이라면 앗수르에 대한 부정적 언급이 틀림없이 존재할 텐데 신명기 역사서의 그 어디에서도 앗수르에 대한 언급이 전혀 나타나지 않는 현상이 근거라고 생각합니다. 그런데 우리나라 학계에서는 아직도 요시야 개혁을 반앗수르 개혁이라고 보는 경향이 지배적이라서 이러한 해석의 변화는 매우 흥미로운 주장이 아닐 수 없습니다. 더욱 진지하게 고찰해야 할 대목입니다.

이와 더불어 쿠트 교수님의 해석 중 몇 가지는 기존 해석과 차별성을 지니고 있습니다. 우선 본문을 해석할 때 지파(tribe)와 국가(state)의 정치적 관계를 신중하게 고려합니다. 무엇보다 왕정제(monarchy)의 취약성을 지적한 것은 참으로 주목할 만합니다. 그래서 왕이 반대파벌과 싸워야 했고 그런 의미에서 신명기 역사서가 다윗 왕조의 통치권을 옹호하는 역사서라는 해석은 기존의 신명기 해석에서 찾아보기 드문 관점입니다. 또 요시야 시절은 국가라는 제도가 건재하던 시절입니다. 그런데 신명기 역사의 본문 가운데 신명기, 여호수아, 사사기에서는 이스라엘이 국가 이전의 사회였던 지파 사회를 묘사합니다. 쿠트 교수님은 이런 양상 배후에 국가와 지파간의 힘의 역학관계가 깔려 있는 것으로 해석합니다. 왕권은 지역에 연고를 둔 지파 중심의 반대파벌을 제압하며 수립되고 유지되기 때문입니다. 이것은 왕조가 빈번하게 교체되는 현상에 주목한 결과입니다. 동일한 맥락에서 요시야 시대의 개혁도 왕권강화의 일환으로 이해합니다. 이를 위해서 요시야는 다수 백성의 폭넓은 지지가 필요했고 그래서 채무면제법과 같은 대중적 지지를 받을 조치를 시행한 것이라고 풀이합니다. 아울러 '제의'를 언급할 때 그것을 일반적으로 풀이하듯이 종교행사에 국한된 용어로 이해하지 않습니다. 교수님은 관할권(jurisdiction)이라는 용어

소, 2000(원서, 1990)], 96~108. 여기서는 요시야 개혁이 반앗수르 개혁이라고 해석한다.

를 사용하여 제의가 행정 및 사법의 영역과 결부되어 있다는 점을 일관되게 강조합니다. 그래서 예루살렘과 벧엘 제의의 대립이나 법궤가 놓였던 실로 성소에 대한 기록들은 모두 중앙통치를 하는 왕이 지방성소의 사법 및 행정적 관할권과 경쟁하는 것이라는 시각을 열어줍니다. 이런 측면들이 쿠트 교수님의 해석으로부터 신선하게 배우고 도전받을 수 있는 점이 아닐까 생각합니다.

저는 이 책이 그동안 신명기 역사서에 관한 이론을 배우면서 가졌던 여러 가지 실질적인 의문을 어느 정도 해소하는 데 큰 도움이 되었으면 하는 희망을 갖고 옮겼습니다. 그러나 쿠트 교수님의 글이 신명기 역사 이론이 안고 있는 문제 전부를 해결해 주지는 않을 것입니다. 오히려 독자들은 그 분의 견해와 일치하지 않는 경우를 종종 접할 것입니다. 그것은 어쩌면 새로운 탐구를 위해 도전하라는 신호일 수 있습니다. 이를테면 쿠트 교수님은 요시야가 북부로 진격하여 벧엘 제의를 척결했을 때 원래의 이스라엘 주민에게만 이런 조치를 감행한 것일 뿐 앗수르가 이주시킨 외국인과 그들의 제의에는 손대지 않았다고 주장합니다. 과연 그런 일이 가능했을까요? 이런 경우 독자는 또 다른 해법을 모색하는 순례의 길에 나서야 할지도 모릅니다.

신명기 역사서를 공부하는 것의 장점은 그것이 어느 학자의 이론이 되었든지 신명기부터 열왕기하서까지의 내용은 물론이고 아모스, 호세아, 이사야, 미가, 하박국, 스바냐, 예레미야서 등과 같은 예언서를 공부하는 데도 매우 유용하다는 사실입니다. 폰 라트와 브라울릭 같은 학자들은 신명기가 '구약성서의 중심'이라고 말할 정도입니다. 또 제사장으로서 예언자가 된 에스겔의 예언서와 비교하는 일에 종종 활용되기도 합니다. 그러므로 신명기 역사서는 다른 부분에 비해서 구약성서를 이해하는 데 상대적으로 큰 비중을 차지한다고 말씀드릴 수 있습니다. 아무쪼록 독자들이 이 책을 통해 구약성서의 세계에 한 걸음 더 깊이 들어가서 연구할 수 있는 계기와 발판을 마련하기 바라는 마음입니다.

이 책의 2부에는 쿠트 교수님이 작성한 이스라엘 역대 왕조 도표와 최신 성서사전에 기고한 네 개의 원고('땅', '이스라엘의 사회적, 경제적 발전', '엘리야', '엘리사') 및 하나의 논문('이스라엘의 등장, 다시 보기')을 저자와 해당 출판사의 허락을 받아 추가했습니다. 이 책이 주장하는 내용을 독자들이 보다 효과적으로 살필 수 있게 하려는 취지입니다.

끝으로 이 글을 '구약성서 형성사 시리즈'의 네 권 중 한 권으로 한국 독자들에게 소개하자는 결정을 내려주신 한울엠플러스의 김종수 사장님과 윤순현 기획실 차장님, 그리고 편집을 맡아 번역 원고를 늘 꼼꼼히 읽고 세세한 부분까지 검토하면서 독자들이 읽기에 유익한 책이 되도록 다듬어 주신 김용진 편집위원님께 깊은 감사의 말씀을 드립니다.

2021년 가을
우리 땅에서 신학하기의 결실이 풍성하기를 기대하며
옮긴이 우택주

제1부

신명기 역사

1

들어가는 말: 통치권을 정당화하는 역사

신명기 역사(Deuteronomistic History; DtrH)는 다윗 가문의 통치권의 역사이다. 그것은 예언자와 왕의 변증적 관계에 기초를 두고 있다. 고대 근동의 군주들이 일반적으로 그런 것처럼 이스라엘 왕은 자신의 권력을 스스로 정당화하지 않는다. 신이 이스라엘의 왕을 선택한다. 적어도 주전 9세기 혹은 그보다 더 이른 시기의 이스라엘 사상과 전통 속에서 신의 뜻은 소위 예언자라고 부르는 '독자적인' 제삼의 집단에 의해 계시되었다. 이런 의미에서 예언자는 신명기 역사서에서 주도적인 역할을 한다. 이 역사는 모세로부터 시작한다. 모세는 예언자로 간주되었고 통치 체제의 헌법이라고 할 수 있는 율법을 계시받았으며 그것이 언약을 통해 전승될 수 있도록 하였다. 정식으로 이스라엘 왕이라 부를 수 있는 이들은 신명기 역사서가 삼분의 일쯤 전개된 다음에 등장하기 시작한다. 왕권은 백성들의 잘못된 요구에 양보하여 위험을 초래할 수 있다는 사실을 감수하면서 시작된 의심스러운 제도이다(신 17장; 삿 9장; 삼상 12장). 예언자는 왕권을 정당화해준다. 하지만 왕은 예언자를 그렇게 하지 않는다. 다윗 가문 그리고 이스라엘 통치가문들이 제시한 율법적 교훈, 즉 토라에 나타나듯이, 왕국의 법은 왕이 아니라 최고의 예언자인 모세를 통해 계시된다. 그런데 신명기에서 가장 중시하는 법은 단 하나의 배타적 제의만을 허용한다. 그리고 나중에 알려지듯이 예루살렘의 왕만이 (십계명, 즉 열 가지 말씀 다음에 나오는) 이 첫 번째 법이요 가장 중요한 법을 성취한다(사실은 오직 그만이 성취할 수 있다).

신명기 역사는 왕실 역사이다. 그렇다면 신명기 역사는 누구의 왕실에서 기원하였는가?[1]하는 질문으로 귀결된다. 신명기 역사서의 주제들은 모두 정치국가 이스라엘과 이스라엘 지파들의 땅을 모두 합한 개념인 이스라엘 영토를 다스릴 통치권이 다윗 가문에게 있음을 강조한다. 한마디로 신명기 역사는 반대에 직면하여 다윗 가문의 통치권을 정당화하는 역사이다. 이 역사를 연결시켜주는 주제는 다음과 같다.

- 예언자의 인준 및 왕조 계승을 포함한 통치의 합법성과 그에 상응하는 반대파의 불법성
- 예루살렘의 왕실 제의, 성전
- 제의법

---

1 학자들은 이 역사서에 대해 적어도 다윗 왕조의 세 왕 시대에 이루어진 세 가지 주요 편집본을 구분해 왔다. 늦은 시간대부터 역으로 설명하면 다음과 같다. (1) 이 역사가 끝나는 때인 여호야긴 왕실이다. 이 단계를 보통 신명기 역사서의 제2편집본(Dtr2)이라고 부른다. (2) 요시야의 왕실이다. 핑켈스타인과 실버만, 프리드만 그리고 *NIB*의 여호수아서를 주석한 저자가 이 단계를 강조한다. 이들은 모두 프랭크 크로스가 처음 제안한 이론에 기초해 있으며 이를 신명기 역사서의 제1편집본(Dtr1)이라고 부른다. (3) 히스기야의 왕실이다. 유감스럽게도 대다수 학자들이 이 세 가지 배경 중 하나만을 토대 역사로 강조하는 경향이 있고 이 세 가지 모두의 중요성을 발전시키지 못하고 있다. 이와 달리 신명기 역사서가 기원전 6세기 말 다윗 성전을 재건하는 사건과 연계되어 페르시아 시대에 최종적으로 이루어졌다고 주장하는 학자들도 있다. 후자의 견해를 위해 다음을 보라. Raymond F. Person, Jr., *The Deuteronomistic School: History, Social Setting and Literature* (Leiden: Brill/Atlanta: SBL, 2002).

- 군주의 통치를 받는 (오늘날 대중적인 의미의) 지파 국가
- 군주의 통치를 받는 백성이 거주하는 지파의 영토

다윗 가문은 지파적 군주제로 시작했다. 신명기 역사서에 따라 판단해볼 때 주전 10세기부터 5세기까지 그러한 정체성을 잃어버린 적이 없었던 것으로 보인다. 처음부터 끝까지 신명기 역사서 상당 부분은 단일 지파의 군주제라고 하는 모호한 상태가 특이하게 지속되었기 때문에 생긴 것으로 보인다. 신명기 역사서에 관한 학자들의 연구를 보면 자주 왕과 그의 신민들은 이스라엘이라는 공통의 정체성을 가졌고 동일한 신을 섬겼다고 가정한다. 말하자면 왕과 그 신민들은 사회적으로 일치된 생각을 갖고 사회적으로나 정치적으로 조화로운 집단을 이루면서 공통된 종교적 신앙과 정체성으로 통일되어 있었던 것으로 여겨진다. 신명기 역사서는 바로 이 사회적 통합 개념을 투영하면서도 그 스스로 아주 다른, 그리고 역사적 진실과 훨씬 가까운 두 가지 요소를 제시한다. 군주제는 결함이 있으며 그 신민들에게 잠재적으로 위험한 제도라는 것과 이스라엘 지파의 역사 속에서 통치권은 늘 취약하다는 것이다. 그런 맥락에서 사회적 통합은 거의 존재하지 않았다. 왕들은 신민을 위협했고 반대로 왕은 위험한 반대 파벌과 맞서야 했다. 달리 말해서 이스라엘 군주제의 역사는 여느 군주 국가의 역사와 다르지 않았다.

신명기 역사서에 나타난 군주제에 대한 의구심은 일반적인 예언서 개론에서 읽는 것처럼 단순히 예언자적 관점에서 생긴 것이 아니다. 그것은 그에 못지않게 지파의 관점에서 생긴 것이다. 성서 세계에서 '지파들'의 정치적 현실은 대가족(extended family)의 사회정치적 현실과 은유에 기초한 것이다. 그들은 군주제에 대한 태생적 의구심, 혐오감, 적개심을 갖고 있다. 지파의 정체성이 이스라엘의 군주시대를 겪으면서 얼마나 오랫동안 변함없이 유지되었는지 확실하게 아는 사람은 없다. 이 질문에 대하여 학자들은 저마다 다른 답변을 한다. 하지만 지파 이데올로기라고 할 수 있는 것이 신명기 역사서의 주제가

될 정도로 지파의 정체성은 상당히 중요한 역할을 한 것이 분명해 보인다. 그러므로 지파들은 적어도 다윗 가문이 바벨론으로 끌려가는, 소위 포로기까지 이데올로기적 중요성을 간직하고 있었다.[2]

신명기 역사서는 철저하게 중앙집중화된 통치권을 위한 단순한 프로그램이 아니다. 그 안에 포함된 획기적인 채무면제 프로그램(신 15장)은 왕이 백성에게 부과한 위험을 해소하려는 조치로 추정된다. 그것은 또한 통치권의 지속적인 취약성과 나약함을 해결하는 방법이기도 하였던 것이다. 그것은 왕권을 위협하는 다수의 반대세력을 처리하는 방안이기도 하다. 다윗 가문의 통치가 정당하다는 주장이 안고 있는 약점은 지파적인 이스라엘에 대한 다윗 가문의 통치권을 정당화하는 역사의 특이성을 통해 잘 드러난다. 왜냐하면 이 역사서 자체가 분명하게 기록하고 있듯이 다윗 가문은 오직 두 세대 동안만, 즉 햇수로는 이 역사서가 다룬 군주시대의 칠분의 일(다윗이 다스리기 시작한 때를 주전 1000년으로 보면 느헤미야 시절의 주전 450년까지는 550년간이 되는데, 다윗과 솔로몬이 통치한 80년은 이 기간의 1/7이다—옮긴이)에 해당하는 동안만 이스라엘을 다스렸다. 나머지 기간 동안 다윗 가문은 규모가 작은 자기네 유다 지파만을 다스렸을 뿐이다.

실제로 이 특이한 모습이 이 역사서의 근본을 이루고 있다. 이 역사서는 지파 이스라엘의 잃어버린 영토를 되찾으려는 결의를 강조한다. 그것이 다윗 가문의 왕실 창건자가 이스라엘을 다스릴 권한이 있다는 주장에 근거하여 땅을 되찾겠다는 영토수복론이다. 다윗 가문의 이와 같은 영토수복론은 왕국분열 이후 수 세기 동안 소멸되지 않고 있다가 사마리아가 무너지는 사건과 맞물려 모습을 드러냈을 것이다. 이것이 신명기 역사서의 기본적인 사고 구조가 주전

---

2 Robert B. Coote, *Early Israel: A New Horizon*(Minneapolis: Fortress, 1990), 71~93과 Robert B. Coote, "Tribalism in Ancient Palestine and the Hebrew Bible," in *Ancient Israel: The Old Testament in Its Social Context*, ed. Philip F. Esler(Minneapolis: Fortress, 2006), 35~49를 보라.

8세기 말 히스기야에게서 유래했을 것이라고 생각하는 주요한 이유이다. 히스기야 시절은 영토수복론이 가장 분명하게 주장될 수 있었던 때이다. 그리고 그것은 7세기 후반의 요시야 시대에 다시 나타났다.

신명기 역사서의 목적이 다윗 가문의 통치권을 정당화하는 것이라면 신명기, 여호수아, 사사기처럼 다윗 이전 시기를 다루는 긴 이야기의 요점은 무엇인가? 다윗 가문의 통치권이라는 주제는 사무엘서와 열왕기서에 명료하게 드러난다. 이 주제는 다윗이 사울 가문의 통치권을 찬탈하는 사건으로부터 시작해서 히스기야, 요시야(Dtr1)와 여호야긴(Dtr2)으로 끝난다. 그렇다면 사울과 다윗의 통치 이전의 이야기는 무엇을 말하는가? 신명기는 통치권 이야기의 틀과 잘 조화된다. 신명기는 모세 시대를 배경으로 삼고 있지만 그 내용은 군주시대의 개혁법을 중점적으로 다룬다. 이것을 앗수르 시대의 언약이라는 매개체를 사용하여 표현한다. 그것이 요시야 시대에 발견한 율법이며 Dtr1(제일 편집본)의 핵심적 이야기이다. 이런 내용은 이제 널리 알려져 있다. 이 이야기의 초창기 버전이 히스기야의 중앙집중화 개혁을 나타냈을 가능성을 배제할만한 내용은 신명기에 전혀 나타나지 않는다. 다수의 학자들은 신명기 법에 '북부'의 특징이 분명히 나타난다는 점을 주목해왔다. 이런 생각을 가장 잘 보여주는 증거가 신명기 법과 사경(창-출-레-민)의 자료 중 하나인 E의 법이 서로 유사하다는 것이다. 하지만 이것은 단순히 지파의 색채를 지닌 법과 중앙집중화를 지지하는 법이 결합되어 있다는 것을 말하는 것으로 충분하다. 그리고 신명기 법이 북부 자료라든지 북부의 정치난민들이 북부의 법을 예루살렘으로 가지고 온 것(왜 북부 이스라엘 사람들이 갑자기 다윗 가문을 사랑하였을까?)이라고 말하지 않고 다윗 가문이 급진적인 개혁법을 이스라엘 사람들의 기호에 맞게 서술하여 잃어버린 영토의 회복에 대한 관심사를 표명한 것이라고 말하는 것으로 충분하다. 이를테면 히스기야가 차기 왕위에 오를 계승자의 이름을 의도적으로 므낫세라고 지어 북부인들에게 호소하는 것과 같다.

여호수아서와 사사기는 어떤가? 이 책들의 내러티브는 군주시대 이전을 이야기한다. 이것을 종종 전승으로 취급하여 신명기 역사가가 전승 수집자이며 동시에 본문 편집자라는 생각을 강조한다. 그 내러티브가 여러 전승들을 통합하고 있는 것은 의심할 여지가 없다. 어떤 것은 분명히 군주시대 이전을 배경으로 삼고 있다. 그러나 신명기 역사를 구성하는 이야기들은 역사가가 지역 전승을 찾다가 발견한 그저 좋은 이야기 혹은 찾아낸 유일한 이야기들이라고 볼 수는 없다. 그것들이 만일 사무엘서와 열왕기까지 포함한 역사의 일부라면 역시 다윗 가문의 중앙집중화된 통치권을 다루는 이야기로 보아야 한다.

2

정치적 반대를 물리치다

다윗 가문은 반대파벌을 상대해야 했다. 이것은 약한 표현이다. 통치권을 유지하는 일이 얼마나 어려운지를 가볍게 생각해서는 안 된다. 이스라엘은 원래 다양한 지파의 연합(tribal federation)을 부르는 명칭이었다. 군주제는 이 연합 위에 혹은 이 연합의 반대를 무릅쓰고 출범했다. 혹은 군주제는 이 연합의 정치적 자산을 장악한 시스템이다. 지파제와 군주제의 지속적 관계를 어떻게 묘사하는지의 문제는 해석자가 성서의 역사기록을 다룰 때 핵심적인 이슈이다. 군주에 대한 반발은 시대마다 곳곳에 있었다. 끈질긴 지파 정서는 군주의 통치권을 약화시키는 주요 요인들 중 하나였다. 지파 이데올로기는 누구든지 활용할 수 있었다. 신명기 역사서는 그것을 줄곧 언급한다. 또 다른 분명한 요인은 왕위를 노리는 반대 세력들이었다.

지파적 군주제는 두 세대씩의 네 왕조로 시작하였다. 사울을 초대 왕으로 간주한다면 그것은 사울, 다윗(블레셋의 도움으로 그리고 두로도 도와주었을 것이다), 여로보암(이집트의 도움으로), 그리고 바아사로 이어졌다. 이들 왕조의 두 번째 왕의 재위 기간은 솔로몬의 경우를 제외하고는 하나같이 짧았다. 이스바알이 2년, 나답이 2년, 엘라가 2년을 다스렸다.[1] 이 단명한 왕조들에 이어 시므리는 이스라엘을 겨우 7일 다스렸다. 이어서 두로의 도움을 받은 것이 분명한 오므리 왕조가 등장하여 세 세대 동안 지속되었다. 오므리는 자기 아들 아합("나의 [정치적] 형제는 나의 아버지이다"는 뜻)을 공동 섭정으로 만듦으로써 왕조가 붕괴하는 양상을 극복하려고 했던 것 같다.

오므리 왕조를 찬탈한 예후 왕조는 다섯 세대에 걸쳐 백 년가량 다스리면서 이스라엘 왕조 가운데 가장 오래 통치한 왕조가 되었다. 예후 왕조가 무너지자 왕권은 다시 불안정해졌다. 그 뒤의 다섯 왕 중 네 명이 찬탈로 통치권을 차지하였다. 이 다섯 왕 가운데 왕위를 물려받은 유일한 왕(므나헴의 아들 브가야)는 (또 한 번) 겨우 이 년을 다스렸을 뿐이다.[2] 이스라엘의 왕조 역사는 단순히 이름과 다스린 햇수를 기록한 목록이 아니다. 그것은 위험하기 짝이 없었던 기회들이자 좌절된 의지와 정치적 대혼란의 이야기이다. 여기에 다윗 왕조도 예외는 아니었다.

다윗 가문은 전체 이스라엘에 대한 통치권을 빼앗겼으나 그나마 남아 있는 유다 영토를 예루살렘에서 오랫동안 다스릴 수 있었다. 하지만 다윗 가문이 사실상 멸망한 이후에는 한동안 오므리 왕조의 공주가 예루살렘을 다스린 적도 있으며, 요아스 시대에 다윗 가문이 통치권을 회복한 것은 명목상으로만 그랬을 뿐일 수 있다는 점을 유념해야 한다. 불안정한 통치는 히스기야 시대까지 이어졌다. 그의 부친 아하스는 (시리아-에브라임 동맹에게) 폐위당할 위험을 넘겼다(사 7장). 히스기야 자신도 지역을 혼란스럽게 만들어 산헤립의 3차 원정을 초래한, 끊임없이 이어지는 폐위와 복위의 국면에서 적극적으로 투쟁하

---

1 Tomoo Ishidah, *The Royal Dynasties in Ancient Israel* (Berlin: De Gruyter, 1977), 173. 그는 저명한 학자 알브레히트 알트(Albrecht Alt)가 한 "2년이란 기간은 합법적인 왕이 죽고 카리스마적 지도자가 등장하는 사이의 간격이라는 의미밖에 없다"라는 주장을 대체할 만한 견해를 제시한다.

2 예후 왕조의 마지막 왕인 스가랴도 폐위되기 전까지 아주 짧은 기간 통치했다.

였다. 그래서 그는 앗수르의 위협과 상관없이 무너질 수도 있다는 것을 분명히 깨달았을 것이다. 그는 앗수르의 대규모 포위공격에 대한 대비책을 통해 위협에 적극 대항했다.[3] 산헤립과 그 제국의 계승자들이 통치하던 때에 다윗 가문의 왕들은 직접적으로 앗수르 제국의 통치를 받았다. 히스기야 입장에서 다윗 가문은 삼백 년 동안 존속했고, 요시야 입장에서 보면 이보다 백 년을 더 존속하였다.

그럼에도 불구하고 신명기 역사서를 이해하는 과정에서 이스라엘의 왕들은 왕조를 계승하지 못했고 상대적으로 다윗 가문은 왕조를 성공적으로 이어간 것처럼 대비시키는 것은 잘못이다. 신명기 역사의 관점에서 본 통치권이란 유다만을 다스리는 것이 아니라 유다를 포함한 이스라엘, 즉 이스라엘 열두 지파 전체를 다스리는 통치권을 말한다.

신명기 역사서에서 다윗 가문은 세겜, 디르사, 사마리아의 통치자들을 비롯한 여러 부류의 반대자들을 제치고 예루살렘에서 이스라엘을 다스릴 권리가 있다고 말한다. 그들은 과거에 이스라엘, 제의, '나라,' 그리고 영토를 다스린 정당한 통치권자였고 현재와 미래에도 그러할 것이며, 온갖 부류의 적수들을 물리칠 준비가 되어 있다. 이스라엘의 왕들 외에 다윗 가문의 실제적이거나 잠재적인 적대자들은 통치권 계승을 놓고 경쟁하는 왕자들, 왕의 형제들, 사촌들, 지역에서 반발하는 영주들, 토지를 보유한 '가나안' 상품 교역자와 대금업자, 장군, 불한당, 여호수아와 같은 인기 있는 백성의 지도자들과 사사기에 묘사된 구원자들 그리고 지역 영웅 후원자('예언자') 등등이었다. 이들 모두 외부

---

3 히스기야와 앗수르 왕들에 관하여 Noll, *Canaan and Israel* (Sheffield: Sheffield Academic Press, 2002), 226~29; Israel Finkelstein and Neil Asher Silberman, *The Bible Unearthed* (New York: Free Press, 2002), 251~67; James B. Pritchard, ed., *Ancient Near Eastern Texts Relating to the Old Testament* (Princeton: Princeton University Press, 1955), 287~88, 또한 핸드북 형태로 출판된 책, *The Ancient Near East: An Anthology of Texts and Pictures* (Princeton, 1958), 199~201을 보라.

나 제국의 후원을 받기도 하고 또 그렇지 않은 경우도 있다. 그러므로 다윗 왕조의 통치자에 대한 적대 세력이 들끓는 시대에 어떤 시기가 다른 시기보다 더 안전하였다거나 평온하였다고 믿을 이유는 없다. 성전에 일차적인 초점을 두고 살펴보면 정치적 반대파벌들의 이야기는 어디서나 등장하는 주제이다. **이처럼 다양한 형태로 나타난 정치적 반대파벌들을 격퇴하는 일이 신명기 역사의 첫째 임무인 것이다.** 어떤 경우는 적대 관계에 대한 묘사가 상세하고 명료하다. 이를테면 이스라엘의 경쟁적인 왕들이 그렇다.[4]

적어도 이 역사의 처음에, 혹은 어쩌면 다윗 가문의 전체 역사에서 군주제에 반대하는 지파적 가치와 이데올로기는 특정 통치 가문들을 정치적으로 반대할 때 사용하는 중요한 근거가 되었다. 신명기 역사 전체를 두고 볼 때 왕정을 인정하는 구절과 왕정을 반대하는 구절을 보고 많은 사람들이 갈등하거나 모순된 모습이 아닌가 생각하는데, 이것은 신명기 역사서가 다윗 가문에 대해 양면적 태도를 취한다는 증거가 아니다. 다윗 가문은 예후 왕조와 이스라엘의 다른 왕조들처럼 왕권 찬탈을 정당화할 때 이스라엘의 지파 이데올로기 요소와 그 유산을 집요하게 이용하였다. 다윗 가문은 이스라엘 백성의 신뢰를 얻기 위해 줄곧 지파 용어를 사용하여 왕권을 정당화하였다. 그것을 통해 얼마나 백성의 신뢰를 얻었는지 물어본다면 그것은 야훼 하나님이 세우셨음에도 불구하고 대다수 이스라엘 백성에게 신속하게 배척당하였으므로 정치적 논란의 여지가 있다. 정당화 이데올로기는 부분적으로는 적대적이고 부정적인 여론을 역이용하고, 그것에 선수를 치고 물타기함으로써 작동한다. 신명기 역사

4 이스라엘 왕과 다윗 가문이 가끔 동맹을 맺었다고 해서 기본적으로 갖고 있던 적개심이 사라졌다는 뜻은 아니다. 이러한 적대 관계에 대한 주요 증거가 신명기 역사 자체에 나타난 다윗의 통치권 주제이다. 이스라엘에 대한 다윗 가문의 통치권 주장은 이스라엘에서 다윗 가문의 통치가 와해된 후부터 사마리아가 패망할 때까지 두 세기 동안 지속되었다. 그렇지 않다면 사마리아가 패망했을 때 혹은 더욱이 백 년 후에 다윗 가문이 팔레스타인을 다스리려는 야망을 왜 이스라엘식 언어로 표현했겠는가? '여로보암의 죄'란 표현은 틀림없이 다윗 가문이 오랫동안 간직해온 주제이며 요시야나 신명기 역사가가 고안해 낸 것이 아니다.

서는 작성하는 단계마다 일관되게 지파 가치들을 중시함으로써 원래의 핵심 주장을 확증하고 세련되게 발전시킨다. 그래서 다윗 가문은 신실하지 못하며 교만한 마음으로 왕권을 찬탈했다는 비난에 맞서 다윗 왕조를 옹호한다.

3

역사의 기초와 히스기야의 역할

역사의 기초

성서의 편집된 문헌 대부분이 그러한 것처럼 신명기 역사는 마치 양배추나 양파처럼 서론과 결론을 새롭게 추가하여 완성되었다. 매카터(McCarter)가 설명하듯이 신명기 역사는 반대세력과 그들의 견해를 물리치고 다윗 가문의 이스라엘 통치가 정당하다고 주장하는 역사이다. 그것은 다윗부터 솔로몬 시대까지를 내러티브 형식으로 옹호하는 변증서(apologia)로 시작한다. 이 방어적 성격의 내러티브가 사무엘상하와 열왕기상하이다. 아마도 가장 중요한 질문은 솔로몬과 히스기야 사이의 글이 완성된 단계, 또는 단계들과 관련된 일일 것이다. 이에 대한 최선의 해법은 매카터와 캠벨(Campbell)이 주장하는 '예언 자료'[1]에 놓여 있다. 어느 왕실이 이것을 작성했는지는 확실치 않다. 왕권찬탈

---

1 P. Kyle McCarter, *I Samuel: A New Translation* (AB vol. 8; Garden City: Doubleday, 1980), Introduction, 12~30; Antony F. Campbell and Mark O'Brien, *Unfolding the Deuteronomistic History: Origins, Upgrades, Present Text* (Minneapolis: Fortress Press, 2000).

을 옹호하는 문학 장르에 관해서는 다윗(대략 삼상 16장부터 삼하 5장까지), 솔로몬[대략 삼하 13장(혹은 7장?)부터 왕상 2장까지], 그리고 예후(대략 왕상 17장부터 왕하 10장까지)의 세 가지 사례가 있다. 셋의 구조가 똑같지는 않지만 분량이 대략 비슷한 것은 우연의 일치가 아니다. 이 세 이야기를 오늘날의 통상적인 영화로 만든다면 각각 두 시간 정도의 시간이 걸릴 것이다.

신명기 역사가는 여호수아의 죽음과 매장 기사를 사사기 서두에서 반복하여 서술한 뒤, 사사기의 열다섯 장에 걸쳐서 전개되는 내용을 요약한다. 이어서 지파별로 구원자들이 등장하여 이스라엘을 이끌고 싸운 이야기를 차례대로 소상하게 다룬다. 이 구원자들 다수의 매장지는 중앙 통치에는 해롭지만 '사사들'이 권한을 갖고 활동했던 모든 정치적, 사법적 요충지이다. '사사'란 용어가 사용되는 곳에서는 모세의 율법과 그것이 지정하는 온 이스라엘의 유일한 제의장소에 의지하지 않고 독자적으로 판결하는 관행이 있었다. 신명기 역사가는 사사들의 역사를 단 하나의 제의라는 기준을 갖고 바라본다. 그래서 사사들의 역사는 이 기준에 어긋나는 실패의 연속이며 땅 정착에 실패하게 만드는 통치의 연속적인 실패 사례로 본다. 이것이 신명기 역사가가 구원자들의 이야기 모음집에 내린 평가이다. 그것은 사사기 17~21장에 분명하게 묘사되어 있다(17:6; 21:25. "그때에 이스라엘에 왕이 없었으므로 사람마다 자기 소견에 옳은 대로 행하였더라." 이것은 매우 의미심장한 부정어이다). 하지만 이것은 모음집에 등장하는 이야기나 모음집 자체에 내재되어 있는 평가가 아니다. 대부분의 이야기들은 이 구원자들의 업적을 경하한다. 이 이야기 모음집은 신명기 역사서에 들어오기 전에 기록된 형태로 존재했으며 또 기록된 내용은 다윗의 군주시대 이전에 존재한 구전들을 포함하고 있었다고 주장하는 이들이 많다. 이 문집과 사용된 자료의 특징은 여호수아서에 등장하는 여러 내러티브의 초기 역사를 이해하는 데 매우 중요하다. 그 내러티브들은 유형이 비슷한 지역 영웅들의 업적 이야기이다. 신명기 역사가의 관점에서 볼 때 여호수아의 업적은 사사기와 반대되는 메시지—실패가 아닌 성공—를 전한다. 그럼에도 불구하고 그것은 사사기와 잘 어울린다. 한 명의 지파 구원자가 저지대 도시 압제자들과 맞서 그의—한 경우는 그녀의—백성을 위해 함께 싸워서 강력한 군주들을 이기고 영향력을 확대하게 된다는 측면에서 그렇다. 그 이야기는 여호수아의 영웅적 정신이 살아 숨 쉬는 특별히 존경받는 유명한 묘지 이야기로 끝난다.

히스기야의 역할

예언 자료가 만들어진 때는 히스기야 시대로 보는 것이 가장 적절하다. 히스기야는 에브라임 지파의 영웅인 여호수아를 다윗 가문의 역사에 받아들이는 일을 후원했을 것이다. '예언자'의 역할은 지방에서 영향력이 있는 사람이나 영웅의 역할과 겹친다. 여호수아는 여리고의 재건을 선언하며 드보라는 여선지자(느비아*nəbî'â*)로 불려지고 사무엘은 신명기 역사에 등장하는 '사사'(불러내야 할 혼령) 중 최후의 사사이며 엘리야와 엘리사는 둘 다 군사력을 행사한다. 그래서 스캇 힐(Scott Hill)은 이들을 '지역 영웅'이라고 부른다. 영웅의 묘역은 정치권력의 중심지이자 반대파와 대결하는 요충지이다. 신명기 역사서는 여기에 '이스라엘' 백성의 '지파' 이데올로기나 지파 전승을 추가한다.[2] 여호수아는 훌륭한 사례이다. 그는 온 이스라엘의 영웅이 아니라 에브라임의 영웅이다. 그가 유명해진 까닭은 여로보암 1세가 다윗 가문에게서 권력을 찬탈했기 때문일 가능성이 크다. 여로보암 1세의 출생지는 여호수아의 묘지에서 겨우 몇 마일 떨어진 곳이었다. 예언자가 왕조를 세우고 무너뜨리는 일은 사울(사무엘)로 시작해서 다윗(나단), 여로보암(아히야), 바아사(예후)로 이어지고 시므리와 오므리에서 끊겼다가 다시 예후(엘리야와 엘리사)에게로 이어진다. 사마리아의 마지막 왕조들은 예언자의 후원이 전혀 없는 것처럼 신명기 역사서가 기

---

2 Scott D. Hill, "The Local Hero in Palestine in Comparative Perspective," in *Elijah and Elisha in Sociohistorical Perspective*, ed. Robert B. Coote (Atlanta: Scholars Press, 1992), 37~73.

록한다. 사마리아가 함락된 다음에 이 내러티브는 아하스와 히스기야가 다스리던 위기의 시대에 이른다. 이들에게 예언자 이사야는 왕조는 아니라 하더라도 왕을 위해 앞에서 말했던 중요한 역할을 한다(왕하 18~20장. 이 부분은 대체로 신명기 역사 자료와 분리된 별도의 자료로 보인다).

그러므로 '예언자'가 왕권을 정당화해주는 패턴과 군주 시대 이전의 신명기 역사 이야기가 서로 연결되어 있다는 것을 인지하는 것이 중요하다. 왕위 계승을 승인하는 이야기는 사무엘서 이전에 시작한다. 신명기 역사의 개념에 따르면 모세는 최초의 예언자이며 예언자의 원형이다. 하나님은 그와 같은 예언자를 일으키겠다고 말씀하신다(신 18:15~22). 엘리야가 바로 그 실례이다. 예후를 정당화하는 에피소드들은 모세의 이야기와 가장 흡사하다(호렙은 엘리야가 오므리 왕조를 무너뜨리라는 사명을 받은 장소이고 요단강은 이 사명을 아버지가 아들에게 물려주듯이 엘리사에게 물려주는 장소이다—내 아버지여, 내 아버지여 이스라엘의 병거와 그 마병이여!).[3] 모세의 권위는 여호수아에게 계승된다. 그것은 1970년에 포터(Porter)가 지적했듯이 왕조 계승이나 다를 바 없다.[4] 이후로 여호수아의 권위는 하나님이 일련의 영웅들에게 직접 물려주신다. 그러나 그들은 이스라엘의 지파 연합을 구원하고 오직 한 장소에서 야훼 제의를 실시하라는 언약을 실천하지 못한다. 군주제가 실행되기 이전에 벌어진 실패 사례 가운데 가장 길면서도 가장 큰 아쉬움을 남긴 이야기는 기드온과 그의 아들 아비멜렉 이야기이다. 그것은 영웅들 이야기 중에 유일한 왕권 계승 이야기이다. 여기에는 군주제를 조롱하는 어조의 요담의 비유가 포함되어 있다. 마지막 구

---

3 Robert B. Coote, "Elijah," in *The New Interpreter's Dictionary of the Bible*, vol. 2, ed. Katharine D. Sakenfeld (Nashville: Abingdon, 2007), 241~43을 보라(본서의 제2부 4장으로 수록).

4 J. Roy Porter, "The Succession of Joshua," in *Proclamation and Presence: Old Testament Essays in Honour of Gwynne Henton Davies* (Richmond: John Knox, 1970), 102~32. 또 R. D. Nelson, "Josiah in the Book of Joshua," *Journal of Biblical Literature* 100(1981) 531~40을 보라.

원자인 사무엘은 왕권을 중재하며 승인해주는 지역 영웅—보통 '예언자'란 말의 뜻—의 역할을 부활시킨다. 그래서 그는 모세의 율법을 좇아 마지못해 군주를 지명한다. 지파의 우두머리인 모세의 역할은 종종 관찰되는 것처럼 이렇게 승인하는 예언자와 승인받는 왕의 역할로 나누어진다. 이것이 지파가 왕위 계승을 인정하도록 만들면서도 동시에 모세와 사무엘이 기록한 것처럼 군주의 통치를 점검하도록 이끈다.

지역 영웅을 정당화하는 작업은 정치국가 이스라엘에 적어도 예후가 왕권을 찬탈하던 시기에는 하나의 현실이었고 처음부터 다윗 가문의 통치를 정당화하기 위한 과정의 일부였을 것이다. 하지만 다윗과 솔로몬 시대에 나온 왕권정당화의 기본 자료들을 우리는 갖고 있지 않다. 이에 대한 가장 좋은 사례가 엘리야와 엘리사 이야기이다. 그것은 이스라엘 쪽에서 유래한 것이며 다윗 가문에서 나온 것이 아니다. 히스기야가 이스라엘 백성에게 잃어버린 영토를 되찾자는 주장을 펼칠 때 이런 형식을 다듬어서 사용했다는 표시도 있다(왕자의 이름을 므낫세로 부른 일 등등). 그것은 후기 예언자들의 문서집(즉, 아모스서, 호세아서, 미가서, 이사야서)이 아마도 히스기야 시대에 처음 기록되었으리라는 사실을 보여준다. 이 예언문서집과 신명기 역사서의 예언적 주제와의 관계는 중요하다. 그것은 이 역사서의 전반적인 패턴으로 많이 나타난다. 거기서 제의 법은 이야기의 첫 번째 예언자인 모세에 의해 계시되고 이 역사서의 서두에 기록되었으며 이 작품의 끝에서 다시 발견되고 마지막 예언자 훌다에게서 확증을 받는다.[5]

신명기 역사의 장르가 무엇인지는 분명하지 않다. 그것은 언약들과 족보를 결합시키고 있다. 언약들은 모세 언약과 다윗 언약을 결합한다. 이것들은 형

---

5 William M. Schniedewind, "Hezekiah and the Beginning of Biblical Literature," in *How the Bible Became a Book: The Textualization of Ancient Israel* (New York: Cambridge University Press, 2004), 64~90.

식보다는 언약의 조항을 지키는지 어기는지 여부에 따라 발생하는 효과나 성취에 초점을 둔다. 지파와 왕실, 조건부 언약과 무조건적 언약으로 표현되는 모세 전승과 다윗 전승의 융합(amalgam)—나의 동료 교수인 마빈 체이니(Marvin Chaney)의 용어—은 신명기 역사에 새로운 것이 아니다. 그런 모습은 다윗 가문의 역사인 J 문서층에서도 찾아볼 수 있다. 신명기 역사에서 족보는 연대기 구조를, 언약은 이데올로기 구조를 제공한다. 신명기 역사는 언약을 위반했다는 예언서의 정죄에 맞서 언약을 옹호하는 특징이 있다. 이것이 이 역사서를 다윗 왕가의 궁정에서 작성한 '예언서'와 조화되도록 만든다.

신명기 역사의 권면들—언약의 축복과 저주의 목록으로 심각하게 경고하는 내용들—은 지파 이데올로기의 생생한 유산으로 손쉽게 이해된다. 왕들도 여기에서 자유롭지 못하다. 이 이데올로기는 신명기 역사의 여러 가지 중요한 특징 속에 들어 있다. 그 특징들은 왕보다 지파 지도자인 모세가 율법의 원천이라는 전승(비록 모세의 절대적 권한은 분명히 왕의 모습처럼 보이지만), 지파로 구성된 나라가 이스라엘이란 생각, 그리고 이스라엘 군주 제도를 언약 개념(아마 앗수르 모델을 따른 것 같다)으로 이해하고 합법적 군주제는 영원하지만 언약이 그것의 성공 조건이라는 시각 등이다. 이 모든 것이 어쩌면 포로기 이전의 신명기 역사서로 작성되어 사마리아의 패망을 설명하는 데 기여했을 수도 있다. 하지만 예루살렘의 패망은 이것과 다른 방식으로 설명한다(므낫세의 우상숭배가 원인이라고 설명한다. 히스기야와 므로닥발라단 사건과 대조해보라).

4

신명기 역사는 정치 이야기이다

이제는 분명해진 것처럼 신명기 역사는 길고도 다채로운 내용이 들어 있는 작품이다. 거의 사백 년에 걸쳐 일련의 편집과정을 거쳤으며 중복되는 자료들도 여러 번 등장한다. 하지만 기본적인 이야기는 간단명료하다. 그것은 성서의 대다수 기본적인 이야기들처럼 제의를 통해 관할권을 주장하는 통치권에 관한 이야기이다. 성서 세계에서 통치, 정치 그리고 종교는 서로 불가분의 관계이다.[1]

이제 여호수아서를 통해 신명기 역사를 살펴보도록 하자. 여호수아서는 이스라엘 백성이 가나안 땅을 차지했다고 주장하여 다윗 가문이 잃어버린 땅을 되찾겠다는 주장의 기초를 놓고 있기 때문이다. 신명기 역사에 그려진 여호수아란 인물은 지금은 너무나 잘 알려져 있다. 하지만 대개의 경우 그의 정치적

---

1 이 서론보다 먼저 출간한 원고의 축소판은 Robert B. Coote, "The Book of Joshua: Introduction, Commentary, and Reflections," *The New Interpreter's Bible*, Vol. II (Nashville: Abingdon, 1998), 558~77에 나타나 있다.

맥락에는 집중하지 않는다. 정치적으로 보려고 하지 않는다는 사실은 충분히 이해된다. 이 점은 셰익스피어와 잘 비교된다. 셰익스피어가 리처드 3세, 맥베스와 다른 많은 연극들을 통해 당대의 정치적 이슈를 화제로 삼고 있다는 사실은 많이 알려져 있다. 하지만 이런 문제에 초점을 맞추면 그 연극들이 갖고 있는 더 큰 의미를 놓치는 일이라고 느낀다. 개리 윌스(Garry Wills)의 『마녀와 예수회 사제: 셰익스피어의 맥베스』에 대한 평론가들의 견해에 의하면 연극 맥베스가 화약음모 사건(1605년 11월 5일 영국 의회를 폭파하려고 한 가톨릭 교도의 음모 사건—옮긴이)에 관한 왕실 선전으로 가득 차 있고 이 점을 빈번하게 강조한다는 것을 보여준다.[2] 그러나 위대한 문학 작품을 정치적으로 읽을 것인지 비정치적으로 읽을 것인지를 선택할 필요는 없다. 하나의 관점은 다른 관점에 영향을 미치지 않을 수 없다. 중요한 사실은 성서를 현대적 관점으로만 읽으면 안 된다는 것이다. 현대는 17세기 이후의 서구 역사에서 종교를 처음부터 정치와 분리시켜온 전통에 서있기 때문이다. 성서 세계에서는 이와 반대 상황이 펼쳐졌다. 종교와 정치는 처음부터 깊이 얽혀 있었다. 여호수아서를 요시야의 개혁에서 수행하는 역할과 분리하여 따로 읽는 것은 마틴 루터 킹 목사(Martin Luther King, Jr)의 유명한 설교 '나는 꿈이 있습니다(I Have a Dream)'를 미국의 민권운동과 그 영향으로 공식적 인종차별이 종식된 현실과 아무런 상관도 없이 이해하려는 태도와 마찬가지이다.

여호수아서에 여러 번 등장하는 '예배(worship)'라는 번역어는 성서에서 제의와 성소가 담고 있는 정치적 의미를 적절하게 표현하지도, 전달하지도 못한다. 왜냐하면 현대 영어의 worship이라는 단어에는 재판권과 관할권이라는 함축적인 의미가 없는 반면 성서에서 제의와 관련된 예배를 언급하는 용어들은 예외 없이 그것을 함축하고 있기 때문이다. 신명기 역사의 이야기는 순종

---

2 New York: Oxford University Press, 1995. Andrew Hadfield, *Shakespeare and Renaissance Politics* (London: AS, 2003)을 보라.

해야 하는 일련의 율법에 대한 이야기이며 아울러 약속의 땅을 지켜내기 위해서는 최종적으로 확립된 특정 장소의 성소와 그 제의를 준수해야만 한다는 이야기를 담고 있다. 이 이야기를 이 율법이 갖고 있는 중심적인 역할을 고려하지 않은 채 종교적인 내용만 담고 있는 것으로 이해한다면 심각한 오류를 범하게 된다.

이 이야기는 모세가 '민족'에게 율법을 전달하는 장면으로 시작한다. 그 율법은 여호수아 시대에 철저히 준수되었다. 그러므로 여호수아가 이끄는 이스라엘 백성의 원수들, 즉 약속의 땅에 살았던 토착 원주민들은 쫓겨나고 멸절되었으며 그 땅은 손쉽게 점유되고 분배되었다. 여호수아가 죽고 난 뒤 수 세대 동안 그 율법은 지켜지지 않았으며 원수들은 그 땅을 침략하여 백성들을 괴롭힌다. '사사들'이 차례로 등장하지만 자기 백성의 일부만 일시적으로 구원하는데 성공할 뿐이다.

모세가 전한 최초의 그리고 어떤 면에서는 가장 근본적인 율법은 제의 혹은 야훼 예배를 오직 한 성소에서만 드려야 한다는 제의의 단일화를 요구하며, 그 외의 다른 장소에서 행하는 제의는 불법이라고 규정한다. 다윗은 마침내 예루살렘을 정복하였고 다윗의 아들 솔로몬은 그곳에 다윗 왕조의 기념비적인 성전을 세운다. 신명기 역사의 이야기가 다윗 가문에서 나온 것이므로 예루살렘에 세운 다윗 왕조의 성소가 모세의 율법이 언급한 바로 그 유일한 '성소'가 된다는 것은 놀라운 일이 아니다. 불행하게도 솔로몬은 이 성전 외에도 다른 제의를 허용하였다. 그렇게 율법을 어긴 결과로 솔로몬은 죽게 되며 하나님은 이스라엘의 통치권을 다윗 가문에게서 취하여 여로보암 가문에게 주신다.

이스라엘의 새로운 왕 여로보암은 즉위 직후 신명기 역사가의 관점에서 볼 때 아주 심각한 과오를 범한다. 그는 예루살렘에서 북쪽으로 십 마일 떨어진 벧엘과 이보다 훨씬 더 북쪽의 단에 야훼 제단을 설치한다. 그것은 모세의 핵심적인 율법에 정면으로 위배되는 행위이다. 그러나 그는 신명기적 율법 양식 안에서 저촉이 되는 이런 행위의 문제점을 전혀 깨닫지 못한다. 신명기 역사의 이야기에서 솔로몬의 범죄는 '여로보암의 죄' 즉 예루살렘 성전과 경쟁관계에 있는 제의를 설치하는 원인이 되었을 것이다. 그렇다고 여로보암의 죄가 정당화되지는 않는다. 사실상 여로보암의 죄는 다윗 가문이 이스라엘에 대한 통치권을 회복하려는 희망을 품게 만드는 근거를 제공한다. 이 희망은 아주 명백하다. 여로보암이 벧엘 제단에서 (다윗 가문의 통치권과) 분리된 제의를 시작하는 바로 그 순간 아직도 다윗 가문의 통치를 받고 있는 유다에서 온 '하나님의 사람'이 갑자기 나타나 장차 다윗 가문에 요시야라는 이름의 자손이 태어나 이 제단을 파괴할 것이라고 선포한다. 삼백 년 후에 일어날 일을 미리 계시한 것이다(왕상 13:1~6).

이백 년 후, 그 이야기는 첫 번째 절정에 도달한다. 이스라엘 왕국은 그 왕들이 하나같이 '여로보암의 죄'를 고집하였기 때문에 역사의 지평에서 사라졌다. 이스라엘 나라의 통치권을 앗수르 왕에게 빼앗긴 것이다. 그러나 벧엘 제의는 손상되지 않은 채 남았다. 3세대가 채 지나기 전에 오랫동안 고대하던 요시야가 태어난다. 왕의 명령으로 성전을 보수하는 중에 그동안 분실되었던 모세의 율법이 다시 발견된다. 요시야는 친히 그 내용을 먼저 듣고 난 다음에 백성에게도 들려주라고 명령한다. 여호수아처럼, 그는 율법을 들은 후 즉시 순종한다. 그는 열광적이면서 난폭한 자세로 유다와 이스라엘 전역의 성소 파괴 작업에 착수한다. 가장 두드러진 곳이 벧엘이다. 그래서 다윗 가문의 통치권과 직접 관할권을 다시금 선포하고 출범시킨다.

요약하자면 신명기 역사는 여호수아가 지휘하는 이스라엘이 처음으로 어떻게 땅을 취득하였으며 그 후 그것을 승계한 다윗 가문이 어떻게 그것을 승계하다가 상실하였으며 또 요시야 시대에 어떻게 되찾았는지를 이야기한다. 그것은 잃어버린 땅을 되찾는 이야기이다. 과거에 상실한 땅은 되찾아야 한다. 이 이야기의 결말부에서 땅을 되찾는 이야기는 상세히 취급되지 않는다. 사실상 언급되는 내용은 거의 없는 것으로 보인다(왕하 23:19~20). 이 단계에서 신명기 역사가가 영토 수복의 글을 이처럼 매우 생략된 형태로 언급하고 종결하려고 했는지 혹은 영토 수복 정책의 근거만을 제시하려고 했는지는 분명하지 않다. 요시야의 영토 수복이 실제로 일어났든 그렇지 않든 신명기 역사 이야기의 전체 구조는 그 수복에 대한 인식이 어떠했는지에 대한 명확한 입장을 보여준다. 이 역사 이야기는 모세의 율법을 선포하고 기록하며 그 땅을 정복하는 일로 시작해서 모세의 율법을 다시 발견하고 땅을 다시 정복하는 이야기로 끝난다. 그러므로 앞부분의 땅 정복은 뒷부분의 땅 수복을 준비한다. 앞으로 분명해지겠지만, 여호수아는 분명히 요시야를 예표하며 요시야를 모델로 했다고 할 수 있다. 여호수아서는 본질상 초창기 가나안 정복에 대한 기록이 아니다. 가나안 정복은 결코 여호수아서에 기록된 방식으로 일어나지 않았다. 그것은 다양한 유형의 자료들을 통합하여 요시야 시대의 다윗 가문이 이스라엘을 수복하기 위한 계획이나 과정을 나타낸다.[3]

신명기 역사가가 역사 기술에 필요한 문서와 비문서 자료를 수정하여 요시야(혹은 이전 단계의 역사에서 히스기야)를 왕조의 창건자인 다윗을 모델로 삼아 기술하지 않는다는 사실이 처음에는 놀랍게 보일 수도 있다. 그러나 이 역사 기술은 다윗에 대한 명시적 언급을 배제한 채 다윗 왕조가 세운 나라의 역사적 지속성을 서술한다. 우리는 후속 이야기가 정복으로 시작될 것이라는 생각을 역사가가 채택한 것인지 아니면 고안해냈는지 알지 못한다. 어떤 경우든 다윗을 정복자로 소개하는 것은 이치에 맞지 않는 일이었을 것이다. 그 이유는 다윗이 앞으로 몇 세대가 지나야 비로소 등장하기 때문이다. 더욱이 신명기 역사가는 다윗과 관계된 자료를 겨우 몇 군데만 고치고 나머지는 자기에게 전해

---

3 Georg Braulik, "Die Völkervernichtung und die Rückkehr Israels ins Verheiβungsland: Hermeneutische Bemerkungen zum Buch Deuteronomium," in *Deuteronomy and Deuteronomic Literature: Festschrift C. H. W. Brekelmans*, ed. M. Vernenne and J. Lust (Leuven: Peeters/Leuven University Press, 1997), 3~38과 비교하라. 신명기의 '원래의 정복'을 '후대의 군사 접촉'과 구별해서 다루어야 한다는 브라울릭의 제안은 정복과 수복의 관계를 무시하는 것으로 보인다.

진 자료를 있는 그대로 기록했다. 그는 분명히 다윗이 이스라엘을 정복하지 않았지만 하나님이 이스라엘을 다스릴 왕으로 세웠으며 그는 왕이 되려고 싸움을 한 적이 없다는 이 자료의 주안점을 수정할 이유가 없었다. 요시야의 재정복을 예표하는 것은 다윗이 기존의 이스라엘을 차지한 사건이 아니라 이스라엘이 아직 정치국가로서 모습을 갖추지 않았을 때에 여호수아가 땅을 정복한 사건이다. 여호수아 시대의 이스라엘은 아직 정치국가가 아니었고 요시야 시대의 이스라엘 역시 더 이상 온전한 정치국가가 아니었다. 게다가 다윗 가문이 이스라엘의 중심지 출신의 영웅들 중 한 사람과 싸워 승리하는 시대는 아직 오지 않았다. 마지막으로 여호수아가 땅을 분배한 일에 유달리 깊은 관심을 쏟는 것은 그리 놀라운 일이 아니다. 땅의 재분배는 땅을 정복한 다음에 통상 이루어지는 일이었다. 역사가는 내러티브 형식을 빌어서 정복자로서의 군주가 가진 특권의 선례를 더욱 강화한다. 그리고 이 이야기에 투영된 전체 윤곽은 요시야가 재정복한 이스라엘을 통치하는 모습의 바탕이 되었다.

요시야가 관련된 신명기 역사서는 열왕기하 23:25에 표현된, '모세'라는 단어에까지 이르는 이념으로 끝난다. 요시야가 죽은 지 11년 뒤 예루살렘은 바벨론 왕에게 무너졌고 대부분의 다윗 가문 사람은 집단적으로 바벨론에 강제 이송되었다. 이 파국으로 인하여 팔레스타인에서 정치주권을 장악했던 다윗 가문의 역사는 새롭게 개정할 필요가 생겼다. 이 개정 작업은 요시야 사후의 기록을 포함하여 신명기 역사서에 몇몇 군데를 부가하여 마무리한 결과물로 나타난다. 가장 뒤의 사건은 포로기 중인 주전 560년경에 벌어진 사건이다. 개정 작업은 여호수아서에 거의 손대지 않았다. 여호수아 23:15~16은 포로기에 부가되었을 가능성이 가장 큰 본문일 것으로 추정된다. 여호수아 8:30~35와 24:1~17은 처음에는 신명기 역사서처럼 보이지만(참고. 신 11:29~30; 27:2~8, 11~26; 31: 9~13, 24~29) 요시야 판본과 관계가 있는지 아니면 포로기 판본과 관계가 있는지 분명치 않다.

방금 제시한 신명기 역사서의 기본 개요는 여호수아서를 이해하는 데 중요한 몇 가지 특징을 담고 있다. 모세는 죽기 거의 사십 년 전에 호렙에서 십계명을 전했다. 그는 이제 임종하는 날 야훼께서 수여한 땅을 정복하고 유지하는 데 필요한 나머지 율법을 전한다. 모세는 이 율법들을 공포하기 전에 호렙에서 이스라엘의 사법제도를 세운 일(신 1:9~18)과 호렙에서 요단강까지 걸어온 여정을 회상한다. 여정 속에서 장차 여호수아가 이스라엘을 이끌고 가나안 땅을 정복하는 데 필요한 몇 가지 조건을 제시한다. 첫째, 이스라엘 백성은 유다의 중심부에서 아모리 족속과 싸운 전투에서 패했다. 그 이유는 갈렙과 여호수아 외에는 모두 두려움에 떨었기 때문이다(신 1:19~45). 그 후, 그들은 야훼가 현지 거주자들에게 임의로 준 여러 지역의 땅을 통과했다(2:1~13). 결국 교훈을 얻게 된 이스라엘 백성은 순종하는 자세로 요단 동편의 왕인 시혼과 옥의 땅을 정복했다. 그 땅은 르우벤, 갓, 므낫세 반(半)지파가 차지하였다.

모세는 이스라엘 백성에게 처음의 열 가지 율법(십계명)을 재론하고 앞으로 이스라엘 백성이 들을 내용이 얼마나 중요한지를 길게 되풀이하여 일깨워준 뒤(4:44~11:32) 나머지 율법들을 진술하기 시작한다. 첫째 율법은 오직 한 성소에서만 야훼 제의를 거행하라고 요구한다(신 12:2~14:29). 다른 성소와 그곳에서 거행하는 제의는 모두 불법이다. "야훼 너희 하나님이 택하신 성소를 찾아가지" 않는 것은 "각기 소견대로 하는"(신 12:8; NRSV "자기 좋을 대로 행하는") 것이다. 이 문구의 중요성은 곧 자명해질 것이다. 이어서 7년마다 채무를 면제해주는 법이 공포된다(신 15:1~18). 많은 고대근동의 평행본문과 비교하면 잘 알 수 있듯이 채무면제법은 이 새로운 법의 핵심이다. 이어서 매년 세 차례 예루살렘으로 순례하는 주요 추수절 규정이 등장한다(신 16:1~17). 중앙 성소는 '너희 모든 지파를 따라 재판관들'이 관할하는 사법 중심지가 된다(신 16:18~20). 이어지는 여러 율법 다음에 저주와 축복의 내용을 상세히 나열하고 '나라('온 이스라엘')'가 순종하기로 서약하는 언약의식을 기술한 다음 채무면제년이 되는 7년마다 단 한 곳의 중앙 성소에 모인 '나라('온 이스라엘')' 앞에서 율법 전체를 공개적으로 낭독하라고 요구한다(신 31:9~13). 반면에 왕은 주로 땅을 취득하고 유지하고 분배할 책임을 맡은 자로서 율법의 필사본을 만들어 그것을 항상 읽어야 한다(신 17:18~20).

모세가 죽으면서 신명기 역사의 처음 위대한 장면은 끝난다. 신명기 역사서의 나머지 부분은 네 시대로 나뉘며 시대마다 고유한 교훈을 가진다. 처음 두 시대는 다윗 가문의 즉위 직전까지 진행되며 이어지는 다음 두 시대는 다윗 이후의 발전상을 담고 있다. 처음 두 시대는 한 명의 강력한 지도자 여호수아가 효율적으로 통치했던 사례와 처음의 한 명을 제외하고 모두 유다 밖 북방 지파 출신인 '사사' 혹은 '구원자'라고 부르는 수많은 임시 지도자들이 비효율적으로 통치한 사례를 대비시킴으로써 다윗 가문에서 출현할 가장 위대한 왕 요시야를 예견한다. 사사들은 차례로 나타나 평화와 안전을 지키려 하지만 별로 소용이 없다. 다윗조차 여호수아처럼 백성과 상황을 통제하지 못했다. 끝에 가서야 비로소 여호수아와 같은 지도자가 일어날 것이다.

처음 시대는 여호수아 시대이다. 이 시대에 이스라엘은 "모세의 유일하고 합법적인 계승자 밑에 완전히 하나로 통일"되어 있다.[4] 이 지도자는 모세의 율법을 남김없이 따르고 백성들도 자기처럼 따르도록 만든다(참고. 수 11:15). 여호수아의 지도를 받은 이스라엘은 땅을 정복하라는 명령을 큰 어려움 없이 성취한다. 정복이 끝났을 때 이방인들은 특정 지역에 남아 있었지만 이스라엘 지파들이 가나안을 차지할 때 대부분 정복되었다.

다음 시대는 여호수아의 죽음과 사울의 죽음 사이에 등장한다. 이 시대는 사사기와 사무엘상서에 기록되어 있다. 이 시대의 특징은 여호수아 시대와 반대된다. 이스라엘은 통일성이 결여되었다. 이 시대는 다양한 부류의 부분적으로 성공한 '사사' 혹은 '구원자'가 등장하여 다스린 시대였다. 이스라엘은 이방인에게 압제를 받았고 주기적으로 상당한 영토와 주권을 상실한다. 여기서 신

---

4 Marvin L. Chaney, "Joshua," in *The Books of the Bible*, ed. Bernhard W. Anderson (New York: Charles Scribner's Sons, 1989), Vol. I, 106.

명기 역사가는 지역이나 지파의 관심사가 내포된 지역 영웅들의 이야기 모음집을 활용하여 중앙 정치권력과 군주의 권위를 전복시키려는 위협세력을 묘사하고 있다. 이 지역 영웅들의 죽음과 매장을 자주 언급하는 것을 볼 때 그들에 대한 기억은 종종 성인(聖人) 제의를 거행하는 묘지와 결부되어 있다. 주변의 보통 사람들에게 이 영웅들은 경외의 대상이었다. 그들은 영웅의 생전의 업적을 경하하면서 숭배하였다. 사람들은 그들이 당시의 어려운 상황을 타개하기 위해 다시 나타나기를 고대하였다. 반면에 군주를 대변하는 신명기 역사가에게 그들은 처치 곤란한 존재였다. 그들이 다스리던 '시기'는 재앙이었다. 신명기 역사가는 이 시대를 "그때에는 이스라엘에 왕이 없었으므로 사람마다 자기 소견에 옳은 대로 행하였더라"(삿 17:6; 21:25)고 기술한다. 이 구절과 함께 그는 '구원자'에 관한 이야기 모음집의 뒤에 오는 일련의 이야기의 틀을 짠다. 그 이야기들의 장소(베들레헴, 기브아, 야베스-길르앗)는 다윗이 사울을 무너뜨린 사건을 예표한다. 그 구절은 모호하고 때로는 긍정적으로 보이기조차 한다. 어쨌든 우리 미국인은 왕은 나쁜 존재이며 이와 반대로 선택의 자유는 좋다고 생각하고 싶을지도 모른다. 그러나 이런 생각은 신명기 역사가의 관점과 거리가 멀다. 이런 구절이 지향하는 목적은 위에서 언급한 대로 신명기 역사의 다른 곳에 등장하는 사례(신 12:8)에 비추어 볼 때 분명해진다. "자기 소견에 옳은 대로 행하는 것"은 온 이스라엘에게 오직 한 장소에서 다스림을 받고 야훼를 '예배하라'고 한 모세의 첫째 율법에 도전하는 처사이다. '이스라엘에 왕이 없던 시대'는 여호수아 시대처럼 나라를 다시 통일할 방도가 없었던 시대를 말한다. 사사 시대는 왕정이 부재한 상황의 문제점을 드러내고 있다. 사사 시대는 분열, 억압, 절망, 우상숭배, 대혼란, 친족살인 등등과 같은 재앙이 일어나는 시대이다.

다윗의 전임자인 최초의 왕 사울은 이 같은 비효율적인 시대의 인물에 속한다. 그는 왕이긴 하지만 이전의 구원자와 같이 가나안 땅에서 이스라엘을 확고하게 지키지도 못하고 이를 위해 반드시 필요한 중앙 성소를 세우지도 못한다. 사울 시대의 주요 침략자는 블레셋 족속이다. 사울은 그들을 막아내려 하지만 결국은 실패한다. 그와 그의 후계자는 대의를 상실한 채 전사한다. 신명기 역사가의 관점으로 보면 사울 통치의 초기는 곧장 별다른 성과가 없는 결론으로 이어진다. 사무엘은 사울을 왕으로 기름 붓고 길갈에 가서 자기가 와서 제사를 드릴 때까지 7일 동안 기다리라고 말한다(삼상 10:1~8). 사울은 길갈에 도착하여 7일을 기다리지만 사무엘은 오지 않았다. 사울은 아무런 조치도 취하지 않는다면 군의 사기를 저하시킬 것으로 판단하고 직접 제사를 드린다. 바로 그 순간 사무엘이 등장하여 자기가 왜 지체했는지를 설명하지도 않은 채 사울의 불순종을 책망한다. 사울이 잘못한 대가는 그의 나라를 경쟁자에게 빼긴다는 것이다. 장차 위대한 다윗 가문의 시대가 도래할 것이라는 암시를 처음으로 드러낸 곳이 바로 길갈이다.

사울과 다윗의 운명이 엇갈리는 전환점은 사무엘상 15장에 나타난다. 다시 그곳은 사울이 블레셋과 한창 싸우고 있던 길갈이다. 여기서 이슈는 **헤렘법**(herem, 진멸법)이다. 그것은 여호수아서의 정복 내러티브 대부분을 이루고 있는 라합, 아간, 기브온 사람들 이야기의 일차적 관심사이다. 게다가 여기서 **헤렘법**은 블레셋 족속이 아니라 사경에서 여호수아를 소개하는 이야기들처럼 느닷없이 아말렉 족속과 관련을 짓는다. 사무엘은 사울에게 아말렉 족속의 남녀노소는 물론이고 가축까지 도륙하라고 지시했다. 사울은 아말렉 족속을 격파했으나 아각 왕과 좋은 가축과 양을 살려두었다. 그는 길갈에서 제사를 드리기 위해 그렇게 했노라고 변명한다. 여호수아서를 작성할 때 이 **헤렘법**을 어긴 사례는 여호수아 7장의 아간이다. 이 사건도 길갈에서 벌어진다. 사무엘이 사울을 길갈에서 다시 만났을 때 사울의 제사에는 눈길조차 주지 않는다. 그는 "왕이 여호와의 말씀을 버렸으므로 여호와께서 왕을 버려 이스라엘의 왕이 되지 못하게 하셨음이니이다"라고 말하여 사울의 불신앙을 정죄한다. 사울은 회개하였으나 아무 소용이 없다. 사무엘은 친히 "아각을 찍어 쪼개"고 길갈을 떠난다. 이후로 사울이 전쟁터에서 죽는 날까지 사무엘은 그를 보지 않는다. 사울이 죽는 날에도 그는 다시 신명기 율법을 불순종한다. 사울은 절체절명의 마지막 순간에 죽은 사무엘의 혼을 불러내 조언을 구한다. 사무엘은 길갈에서 사울을 떠나자마자 사울의 계승자가 될 다윗에게 기름을 붓는다(삼상 16:1~13). 이로써 신명기 역사가가 가장 소중하게 품고 있는 이야기를 시작한다. 그것은 다윗 가문이 신명기의 모세의 율법에 의해 예루살렘 성전을 중심으로 온 이스라엘을 다스릴 권한에 대한 것이다. 사울은 아들이며 상속자인 요나단과 함께 블레셋과 싸우다 허무하게 죽는다. 왕위 계승은 혼란스럽게 되었고—이스라엘의 통치권은 말할 것도 없고—다윗이 새로 차지하기에 이른다. 사울과 요나단이 죽자 다윗은 더 많은 아말렉 족속과 싸워 승리한다.

세 번째 시대는 사울의 죽음에서 시작한다. 이 시대의 특징은 다윗의 성공과 솔로몬의 계승을 강조해서 다룬다는 것이다. 솔로몬은 모세가 명령한 성전을 건축한다. 솔로몬의 죽음으로 이 시대는 끝난다. 이 시대는 시글락에 있는 다윗에게 사울의 사망 소식을 전하는 사자가 바로 사울을 죽인 장본인이며 동시에 그는 아말렉 사람이라고 밝히면서 시작한다. 다윗은 '아멜렉 족속 가운데 살아남은 마지막 사람'인 그를 처형한다. 성서는 히스기야가 아말렉 족속을 완전히 궤멸시켰다고 말한다(역대상 4:41~43 참조—옮긴이). 다윗은 애가를 지어 자신의 슬픔을 노래한다. 이 애가는 '야살의 책'에 기록되어 있는데, 거기에는 여호수아 10:12~13에 기록된 기브온의 전투에 관한 사행시가 들어 있었다고 한다.

위에서 살핀 대로 다윗의 군사는 기브온 연못 전투로 시작하여 사울 가문의 군사를 무찌른다. 사울의 아들 이스보셋이 살해된 뒤에 이스라엘 지파들은 헤브론으로 가서 다윗에게 기름을 부어 이스라엘의 왕으로 삼는다. 다윗은 예루살렘을 점령하고 모세의 율법이 들어있는 법궤를 메고 도성으로 행진한다. 그는 법궤를 안치해 둔 장막을 대체할 '집'을 짓지 못할 것이라는 신탁을 듣는다. 하지만 야훼는 다윗에게 다른 '집' 즉 왕조를 세우겠다고 약속하신다. 이어서 왕조의 첫 번째 계승자가 법궤를 안치할 '집' 즉 성전을 지을 것이라고 말씀하신다(삼하 7:1~17).

다윗은 블레셋을 무찌른다. 신명기 역사서에서 이 사건은 요시야가 이스라엘 땅을 재정복한 것만큼이나 중요하다. 하지만 지나치게 간결한 기사내용(삼하 8:1a)은 요시야의 짧은 재정복 기사를 능가한다(이것이 전형적인 신명기 역사가의 모습이다. 실제로 여리고를 점령한 사건은 여호수아 6:20~21에 단 두 절로 표현된다). 다윗 통치에 관한 신명기 역사의 나머지 내러티브는 거의 전부 신명기 역사가의 수중에 있는 자료를 사용한다. 주요 관심사는 솔로몬의 계승이다. 솔로몬은 다윗이 임종하자 왕좌를 차지한다. 솔로몬의 통치 기사는 대부분 궁전과 성전 건축에 할애하여 자신이 합법적인 계승자임을 보여주면서 판결을 내릴 때와 야훼의 율법을 언급할 때 야훼의 이름으로 맹세하는 방식을 취하여 야훼에게 영광을 돌린다. 솔로몬이 다스리는 유다와 이스라엘의 통일왕국은 다윗의 통치권이 지향하는 이상(理想)이다. 그는 성전과 관할권을 확고부동하게 세웠다. 통일왕국은 곧 와해되지만 그 나라는 모든 다윗 왕권의 계승자가 염두에 두는 나라이다. 그리고 수백 년이 지나서 히스기야와 요시야가 회복시켜야 하는 상황에까지 도달한다. 솔로몬 통치에 대한 신명기 역사의 비판은 요시야의 통치를 이상적으로 제시한다.[5]

신명기 역사의 마지막 시대는 다윗 가문이 아닌 이스라엘의 왕들과 영토 수복을 꿈꾸는 다윗 가문의 왕들을 서술한다. 이 시대는 솔로몬이 죽고 여로보암이 즉위하면서 시작한다. 여로보암은 벧엘 제의를 세운다. 이 벧엘을 요시야가 파괴할 것이라는 예고가 이어진다(왕상 13:1~3). 이 시대는 이백 년 동안 다윗 가문이 아닌 이스라엘의 아홉 왕가와 열여덟 명의 왕이 다스리는데, 이스라엘의 마지막 왕 호세아가 죽고 삼 년에 걸친 포위 공격 끝에 도성 사마리아가 함락되면서 절정에 이른다. 이어서 다윗 가문의 히스기야, 므낫세, 아몬의

5 Marvin A. Sweeney, "The Critique of Solomon in the Josianic Edition of the DtrH," *Journal of Biblical Literature* 114 (1995): 607~22.

유다 통치 기사가 나온다. 이 시대의 절정은 이 역사서의 궁극적 목표인 요시야의 성전 개혁과 이스라엘 땅의 수복이다. 그것은 벧엘의 파괴로 시작한다. 역사가는 이 시대를 기록하려고 간혹 이스라엘 왕 역대지략과 유다 왕 역대지략에서 필요한 만큼 자료를 꺼내어 쓴다. 가장 많이 사용한 자료는 예후가 오므리 왕가를 전복시킨 기사(왕상 17:1~왕하 10:27 대부분)이다. 여기서는 왕조를 종식시키는 데 엘리야와 엘리사 같은 예언자의 활약이 두드러진다. 이 단락은 오므리 왕조 특히 아합 왕과 같은 이스라엘의 왕들을 특별히 사악하다고 묘사한다. 그러나 아합 같은 왕들의 일반적인 사악함이 이스라엘 왕들의 몰락 원인은 아니다.

정확한 몰락 이유는 신명기 역사가가 사마리아가 패망하는 모습을 기술할 때 분명하게 드러난다. 역사가는 북 왕국이 모세의 신명기 율법을 위반한 수많은 사례를 나열하면서 모세가 강조한 첫째 율법 즉 제의 중앙집중화법을 어기고 지역 제의와 관할권을 오랫동안 유지해왔음을 강조한다(왕하 17:7~20). 역사가는 다윗 가문이 아닌 이스라엘의 왕들의 전체 기록을 통틀어 일관되게 반복되는 어구—두 가지 표현 중 첫 번째 어구—인 '여로보암의 죄'를 사용하여 모두가 똑같이 범죄했다고 기술한다. "여로보암이 이스라엘을 몰아 여호와를 떠나게 하고 큰 죄를 범하게 하매"(왕하 17:21; NRSV의 "큰 죄를 지었으매"는 오역이다). 그 죄란 벧엘 제단을 세운 일이다. 그것은 제의와 사법 관할권에 관한 율법을 이스라엘이 위반한 사례를 압축적으로 표현한다.

역사가는 계속해서 벧엘 제의가 그 이후 앗수르 통치를 받는 동안에 다른 외국 제의와 함께 유지되었다는 사실을 길게 설명한다(왕하 17:24~41). 그것은 이 이야기가 아직 끝나지 않았다는 명백한 표시이다. 제의와 통치권은 분리되지 않는다. 이방 제의는 차치하더라도 벧엘 제의가 존속하는 한 예루살렘의 통치권은 완전한 것이 아니다. 앗수르가 이스라엘 영토에 이주시킨 이방인들은 "그 땅 신의 법을 알지" 못하므로 "야훼를 경외(NRSV의 '예배'는 오역이다)하지" 않는다. 앗수르 왕은 벧엘에 제사장을 앉혀 "그 땅 신의 법을 가르치게" 하여 그가 어떻게 야훼를 경외할지 가르치게 한다. 현대의 독자들이 불행하게도 '예배'로 이해하는 경향이 있는 이 단어는 제의를 통해 승인되는 통치권을 받아들인다는 뜻을 갖고 있다. 여기에는 채무면제법이 있는 신명기법처럼 특정한 율법과 관습이 포함되어 있다.

두 번째 반복 어구는 신명기 역사서가 왕들의 기사를 다루는 대목에 등장한다. 그것은 벧엘이 아니라 예루살렘에서 다스리는 다윗 가문의 통치권을 주장한다. 그것이 "내가 택한 나의 종 다윗과 예루살렘을 위하여" 혹은 "그러므로 내 종 다윗은 내가 내 이름을 두려고 선택한 성읍 예루살렘에서 내 앞에 세습영지(NRSV의 '등불'은 오역이다)를 가질 것이다"라는 표현이다. 역사가는 요시야와 벧엘 파괴로 넘어가기 전에 히스기야의 통치를 길게 설명함으로써 하나님이 예루살렘을 선택했음을 보여준다. 히스기야는 다윗 가문의 통치를 확장하고 중앙화하려고 노력했다(왕하 18:3~6). 요시야와 관련이 있는 여호수아서의 내용은 여호수아를 다윗과 같은 영웅으로 묘사하는 단락을 포함하여 히스기야의 궁정에서 유래했을 것이다. 아래에서 우리는 히스기야의 개혁을 다룰 것이다. 신명기 역사서는 히스기야의 개혁을 거의 언급하지 않는다. 요시야의 개혁이 지닌 독특성을 감소시키지 않으려는 생각 때문이다(왕하 18:5와 23:25를 비교해보라). 동시에 신명기 역사가는 솔로몬 이후의 어느 다윗 가문의 왕보다 히스기야에게 더욱 많은 시간을 쏟는다. 하나님이 주전 722년에 사마리아에 벌어진 일이 앗수르의 산헤립 왕이 다윗 성을 포위 공격했던 701년에는 예루살렘에 벌어지지 않도록 했음을 강조하기 위해서이다. 역사적으로 산헤립의 포위 공격은 다윗 가문에게 커다란 재앙으로 끝났다. 히스기야가 침략자들에게 엄청난 조공을 바쳐 환심을 사지 않을 수 없었기 때문이다. 히스기야는 왕좌를 지키기는 했으나 영토는 겨우 도시국가 수준으로 축소되었고, 앗수르의 감독도 받게 되었다. 그렇지만 예루살렘은 무너지지 않았고 다윗 가문은 사라지지 않았다. 다윗 계열이 아닌 왕들이 다스린 이스라엘의 도성 사마리아의 경우와 이렇게 극명하게 대비되는 점이 신명기 역사가를 흥분시켰고 예루살렘이 이스라엘의 반역자들이 다스린 도성보다 훨씬 우월하다는 점을 입증하도록 만든 것이다. 사마리아와 대조적으로 야훼는 이렇게 말씀하신다. "내가 나와 나의 종 다윗을 위하여 이 성—예루살렘—을 보호하여 구원하리라"(왕하 19:34; 20:6).

벧엘의 죄와 하나님이 다윗과 예루살렘을 사랑하신다는 신명기 역사 마지막 시대의 이 두 가지 큰 주제는 요시야의 중앙화 개혁으로 성취된다(왕하 22:1~23:25a). 열왕기상 13:2~3의 예언이 열왕기하 23:15~18에서 성취되는 것 외에 요시야 통치 기사의 다른 부분들은 현재 형태 안에서 요시야 개혁이 이 역사의 목표라는 것을 분명하게 보여준다.[6] 그 기사 전체는 모세의 율법을 발견한 사건에 초점을 두고 있다. 모세의 율법은 신명기의 서두에 나오는 이 역사의 기념비적인 연설문에 명시되어 있고 여호수아가 땅을 정복하는 동안 철저히 준수되었다. '율법서[document(NRSV: book) of the law]'(왕하 22:8)와 똑같은 표현이 사용된 곳은 맨 처음에 이것을 기록하라고 말하는 신명기 31:2와 땅을 성공적으로 정복하려면 가장 우선적으로 지켜야 한다고 말하는 여호수아 1:8, 8:31, 8:34, 23:6(여호수아서에서 처음과 마지막 언급은 명백한 신명기적 말씀과 연설 속에 들어 있다)뿐이다. (왕상 2:3과 왕하 14:6에서 언급하는 율법과도 비교해보라. 거기에서는 '율법서'라는 표현이 사용되지 않는다.) 이스라엘의 왕들은 하나같이 여로보암의 죄를 졌다고 책망할 뿐 아니라 유다의 왕들도 비슷하게 예루살렘 주변에 솔로몬이 들여온 제의들을 제거하지 않았다고 책망한다. 신명기 역사가는 바로 이 때문에 다윗 가문이 여로보암에게 이스라엘을 빼앗겼다고 생각한다. 히스기야와 요시야만이 이러한 책망을 받지 않는다. 유다의 모든 왕은 요시야의 직전 왕이었던 아몬까지 이러한 책망을 받는다. 반면 요시야가

---

6 Richard Elliott Friedman, *Who Wrote the Bible?*(New York: Summit Books, 1987), 111~116을 보라. 벧엘과 예루살렘 두 곳의 중요성은 여호수아서에서 자명하다. 물론 거기에서 벧엘은 아이와 간접적으로 연관되어 있다(수 7~8, 10).

죽은 뒤에 기록된 이 역사서의 보충 단락에서는 이런 내용을 전혀 언급하지 않는다.

역사가는 요시야의 통치 기사를 요시야가 자기 조상 다윗의 모든 길로 행하고 "좌우로 치우치지 아니하였더라"는 말로 시작한다. 이 표현은 제의 중심지에서 재판관의 권위를 세울 때 모세가 사용한 말이다(신 17:8~13). 판결하기 어려운 일이 생기면 그는 야훼가 택하신 곳, 즉 성소로 올라가서 거기에서 레위 제사장(율법 수호자)과 '재판관'에게 문의해야 한다. "여호와께서 택하신 곳에서 그들이 네게 보이는 판결의 뜻대로 네가 행하되 그들이 네게 가르치는 대로 삼가 행할 것이니 곧 그들이 네게 가르치는 율법의 뜻대로, 그들이 네게 말하는 판결대로 행할 것이요 그들이 네게 보이는 판결을 어겨 **좌로나 우로나 치우치지 말 것이니라.**" 나중에 알게 되겠지만 '재판관'은 예루살렘에 있는 왕을 가리킨다(참고. 왕상 3:3~28; NRSV의 3:9에서 '다스리다'는 '재판하다'는 뜻이다). 왕은 모세가 전하는 율례의 그 다음 주제이다(신 17:14~20). "그가 왕위에 오르거든 이 율법서의 필사본을 레위 사람 제사장 앞에서 책에 기록하여 평생 동안 자기 옆에 두고 읽어 그의 하나님 여호와 경외하기를 배우며 ... 그의 마음이 ... 교만하지 않으며 ... **좌로나 우로나 치우치지 아니하리니.**" 신명기 역사서의 다른 곳에서 이 표현은 신명기에 두 번, 여호수아서에 두 번, 경고하는 중에 나온다. 여호수아서의 경우는 신명기적 어조를 띤 시작과 끝 부분에 나온다(신 5:32; 28:14; 수 1:7; 23:6).

모세는 율법 수호자들에게 이 율법을 전달할 때 7년에 한 번 돌아오는 채무 면제년의 가을철 초막절에 "이 율법을 낭독하여 온 이스라엘의 **귀에** 들려주"라고 말한다(신 31:11; NRSV는 '들게 하라'). 이 표현은 신명기 역사서에 두 번 다시 나타나지 않다가 요시야 시대에 이르러서 다시 등장한다. 유다 모든 사람과 예루살렘 모든 백성 앞에서 "여호와의 성전 안에서 발견한 언약책의 모든 말씀을 읽어 무리의 **귀에** 들려주었다."(왕하 23:2) 역사가는 요시야의 통치를 요약할 때 신명기 역사서에 등장하는 전형적인 세 가지 문구를 쓴다. "**마음을**

다하고 뜻을 다하며 힘을 다하여 모세의 모든 율법을 따라 여호와께로 돌이킨 왕은 … 전에도 없었고 후에도 그와 같은 자가 없었더라."(왕하 23:25) 이 표현을 통해 요시야는 "마음을 다하고 뜻을 다하고 힘을 다하여 네 하나님 여호와를 사랑하라(충성하고 순종한다는 계약용어)"(신 6:5)는 모세의 명령을 성취한 유일한 왕이 된다.

5

신명기 역사서의 자료

오늘날 대다수 학자들은 요시야가 신명기 역사서의 마지막 왕은 아니더라도 가장 칭찬받는 사람이며 이 역사서가 심혈을 기울이고 있는 왕이고 그래서 후대의 추가 단락을 제외한 이 역사서 전체를 그의 궁정에서 작성했다고 믿고 있다.[1] 이 말은 요시야 궁정의 서기관 혹은 서기관들이 맨 처음부터 새로 신명기 역사서 전체를 작성했다는 뜻이 아니라 이 역사서, 특히 서두와 결론부에서 이스라엘 왕들과 그들이 다스렸던 영토에 관하여 현재의 내용처럼 기술하도록 결정한 것은 바로 요시야의 관심사 때문이었다는 뜻이다. 이 역사서는 중립적인 기술적(記述的) 역사가 아니라, 자료들을 선택하고 발췌하여 신명기적 내러티브와 연설과 기도와 설명들을 편집하여 완성시킨 역사이다. 그것은 다윗 가문의 왕이 이스라엘을 다시 정복하여 과거에 '지파'로 구성된 이스라엘의 영토에서 다윗 가문의 극히 제한된 통치권을 확대하는 일, 즉 요시야의 이스라

---

1 Richard Nelson, "The Double Redaction of the DtrH: The Case Is Still Compelling," *Journal for the Study of the Old Testament* 29 (2005): 319~37.

엘 수복(reconquest)이 정당하다는 관점으로 작성되었다.

신명기 역사서의 기본 자료가 무엇인지를 이해하는 일이 중요한 까닭은 여호수아서를 작성하는 데 그 자료들이 상당히 중요한 역할을 하기 때문이다. 신명기 역사서는 성서의 다른 복합적인 글들처럼 글을 기록하고 개정하는 긴 과정의 최종 산물이다. 그 과정은 다윗 자신의 왕실로부터 바벨론의 여호야긴 왕실까지 400년에 걸쳐 이루어졌다. 그러나 글의 요지는 비교적 분명하다. 이 문서를 문헌적으로 그리고 역사적으로 면밀하게 분석해보면 알 수 있는 모든 주요 자료들은 계승의 합법화와 상관이 있고 엘리야와 엘리사 내러티브를 제외하면 모두가 다윗 가문의 통치권에 일차적인 초점을 두고 있다. 결국 이 역사서는 바로 그것을 말한다.

작성 과정은 이 역사의 중심으로부터 발전했다. 그것은 다윗이 사울 가문의 통치권을 찬탈한 일을 두고 배신이다, 불법이다, 반역이다 그리고 암살한 것이라는 등의 비난에 맞서 그를 옹호하는 문서로 시작했다. 다음으로 여기에 압살롬의 반역에 관련된 자료들을 통합시켰다. 거기서는 왕위 계승 서열로는 열 번째 왕자였던 솔로몬이 어떻게 해서 최종적으로 아버지의 보좌를 이어받았는지 설명한다. 솔로몬의 통치에 관한 현재의 내용은 다윗 가문이 이스라엘에 대한 통치권을 상실할 것이라고 예상하는 자료를 가지고 작성되었다. 그것이 언제 작성되었는지는 불확실하지만 성전을 봉헌할 때 드린 신명기적 기도문은 요시야 시대에나 작성되었을 것임을 암시한다.

그 다음으로 알 수 있는 작성 단계는 사무엘의 생전에 시작된 사울의 통치 시기로부터 시작해서 이스라엘의 왕들의 역사 후반부까지 이어지는 내용을 포함한다. 이것은 '예언자'가 왕조의 출범을 지명하는 역사였다. 여기에 사무엘과 나단이 다윗 왕조를 지명하는 사건이 포함된다. 왕을 지명하는 예언자들은 사무엘부터 엘리사까지 이어진다. 그것은 사마리아가 멸망하기 대략 20년 전—그때 스스로 왕이 된 '음모자들'이 짧은 간격으로 연속 출현하여 다윗 왕실이 아닌 이스라엘 왕국의 종언을 초래하였다—까지의 모든 왕조를 다룬다. 이 단계에서 다윗의 역사는 사무엘이란 인물을 포함시키면서 상당히 많은 비다윗 계열의 이스라엘 자료들을 통합시켰다. 어떤 것은 아주 고대의 자료였다. 여기에 이스라엘의 전쟁을 승리로 이끌어주는 신성한 법궤를 블레셋에게 빼앗긴 내용, 사울에게 동정적인 기사 그리고 사무엘과 아히야(왕상 11:29; 14:2), 예후(왕이 아니라 예언자; 왕상 16:1, 7), 그리고 특히 오므리 왕조를 무너뜨리고 백 년이 넘도록 지속된 예후 왕조를 일으킨 공을 세운 엘리야와 엘리사 같은 예언자의 역할을 강조하는 고대 이스라엘 자료들이 포함되었다. 신명기 역사서에 통합된 '예언자 역사'는 히스기야가 이 역사서에서 마지막으로 위대한 예언자인 이사야와 만나서 벌인 일을 담고 있는 긴 내용은 포함하지 않았다. 이사야는 야훼가 예루살렘을 선택하고 지켜주신다는 사실을 확증하기 위해 등장한다. 최후의 예언자 훌다는 성전에서 발견한 율법이 진짜임을 요시야에게 확증해준다. 이 내용은 요시야가 평안히 죽을 것이라고 예고했음에도 불구하고 그가 전쟁터에 나가 죽은 것으로 미루어 볼 때 개혁이 진행 중이던 때에 이 역사서에 포함되었을 것이다. 훌다의 연설은 나중에 예루살렘의 몰락과 포로 경험을 언급하기 위해 개정되었다. 하지만 요시야의 죽음에 대해서 했던 예고는 변경되지 않았다.

엘리야와 엘리사 내러티브는 원래 기존의 엘리사 이야기를 엘리야 이야기와 결합시킨 별개의 문서였는데 두 사람의 패턴에 따라 예언자가 왕을 임명하는 역사로 편입되었다(왕상 17:1~왕하 10:27). 이 문서는 예후 가문의 왕권찬탈을 정당화하는 데 목적이 있었다(왕상 19:16). 이 문서가 별도로 존재했다는 사실이 중요하다. 왜냐하면 그것이 여호수아서를 이해하는 데 중요하기 때문이다. 지금까지 알려진 바로는 이 문서에서 엘리야를 모세처럼 묘사하는 것은 요단강을 건너는 일이 출애굽한 이스라엘 백성이 바다를 건넌 것과 같다는 생각을 증명하는 가장 오래된 증거이다. 이것은 이런 생각이 늦어도 주전 9세기 후반에 유래했음을 의미한다. 이 문서가 찬탈을 정당화하려는 목적을 지녔다는 것을 전제한다면 그런 생각이 널리 받아들여지고 있었을 때만 이 문서가 효과를 가질 수 있을 것이다. 그러므로 여호수아서에서 요단강을 건너는 장면은 어쨌든 단순히 베냐민 지파의 전승이 아니라 오므리 가문이 등장하던 시절만큼 오래된 이스라엘 전승에 기원을 둔 생각임이 틀림없다. 어쩌면 여호수아서를 작성한 히스기야와 요시야의 개혁이 일어나기 훨씬 전에 생성된 전승이었을 것이다.

여호수아서의 다른 단락도 마찬가지이다. 물론 똑같은 방식으로 검증할 수는 없다. 사무엘이 등장하기 직전에 신명기 역사서의 서두의 끝에 등장하는 신명기적 연설과 해설은 초기 자료의 모습을 지니고 있다. 신명기에 기록된 모세의 긴 설교는 신명기 역사의 색채를 띠고 있고 그의 율법은 요시야 그리고 아마도 히스기야의 개혁을 반영하고 있다. 모세는 이스라엘의 사법에 관한 조직을 살핀 다음에 가나안 정복에 대하여 부정적인 교훈을 전한다. 야훼가 먼저 가나안을 정복하라고 명령했는데 이스라엘 백성이 이를 거역하자 그들을 처벌하고 다시는 기회를 주지 않았다. 이것이 갈렙 이야기이고 그것은 여호수아가 모세를 계승한 이야기의 토대이다. 다음으로 모세는 야훼가 이스라엘 백성을 위해 가나안에 거주하는 토착민들과 시혼 그리고 옥을 쫓아낸 사례를 나열한다(신 2:1~23). 이 모두 여호수아가 가나안 주민들을 쫓아내게 될 사건의 원형이다.

신명기에서 사용하는 언약 형태는 히스기야와 요시야가 개혁하던 당시의 앗수르 관행을 반영한다. 동시에 신명기 율법에는 땅을 차지하고 간직하는 데 필요한 오래된 관행들이 들어 있다. 여기에 해당하는 사례는 살인자의 도피처를 제공하는 법, 히스기야와 요시야의 개혁에서 중심적 위치를 차지하고 있는 고대의 관행적인 채무면제법, 그리고 항복한 적군과 전리품을 중앙 성소에 온전히 바치는 헤렘(herem)법[2] 등이다.

---

2 NRSV는 히브리어 어근 *hrm* '바치다, 성별하여 드리다, 거룩하게 하다'를 '파괴하다' 혹은 '전멸시키다'로 잘못 번역하여 이 용어의 '종교적' 의미를 배제하는 것 같다. 아마도 번역자

신명기가 언급한 이들보다 오랜 관행들은 전부는 아닐지라도 대부분이 지파 연합보다는 군주 국가의 특징을 지니고 있다. 이를테면 제의적으로 진멸시키는 법은 모든 살아있는 생명체를 중앙 제의에 바친다는 의미로 살상하라고 규정한다. 이것은 지파나 지방에서 시행하는 제도가 아니라 중앙의 강력한 통제를 필요로 한다. 그러므로 이 법들은 히스기야나 요시야 시대가 아니라면 이스라엘이나 유다의 왕실 궁정에서 유래했을 가능성이 매우 높다. 신명기가 염두에 두고 있는 여호수아서의 중요한 측면으로서 열두 지파가 지정된 경계선을 따라 해당 영토에 정착함으로써 이루어진 나라 개념도 마찬가지이다. 다윗 왕조가 '지파' 관계를 합리적으로 구축한 것은 히스기야나 요시야 시대에 처음 벌어진 일이 아니지만 지파의 영토와 경계선을 확정하는 모습은 강력한 중앙 정권이 존재할 때만 가능하다. 가장 잘 알려진 선례가 솔로몬이 통치할 때 지파들의 연대감을 약화시키고 다윗이 세운 국가에 충성을 바치도록 영토를 재지정한 경우이다(왕상 4:7~19).

사사기는 정복을 다른 방식으로 요약하는 것으로 시작한다. 그것은 신명기 역사가의 특징을 지니고 있고 여러 지파의 구원자들을 전하는 이 책의 서론 기능을 한다. 사사기 1장이 서술하는 정복은 정복의 실패이기도 하였다. 다윗의 지파인 유다는 주도적 역할을 하며 기존에 그 땅에 살고 있던 토지 보유자들을 쫓아내는 데 성공한다. 심지어 잠시 동안 예루살렘을 빼앗기도 한다(삿 1:8).

들이 헤렘 관행을 아주 부정적으로 이해하여 종교적이 아니라고 생각하고 그 의미를 '세속적'인 의미로 제한해서 생각했기 때문일 것이다. 이런 현상은 번역자들이 '두려워하다(fear)'란 단어를 다루는 방식과 정반대이다. 이 경우에는 이 단어의 '세속적' 의미를 제외시키는 것을 택했기 때문이다. 사실 이 단어는 모든 영역의 관할권을 뜻한다. 그런데도 '두려움'이 느껴지게 만드는 단어인 '경배하다(worship)'로 번역한 것은 종교적 의미로만 한정해서 이해한 것이다. 그것은 분명히 종교적이며 보다 긍정적인 의미를 내포한다. 헤렘 *herem*의 전통적 번역은 금지를 뜻하는 '추방'이다. Richard D. Nelson, "Herem and the Deuteronomic Social Conscience," in Vervenne and Lust, eds., *Deuteronomy and Deuteronomic Literature*, 39~54를 보라.

유다와 대조적으로 베냐민은 예루살렘에서 여부스 족속을 쫓아내지 못했으며 다른 지파들도 마찬가지로 그리 성공적이지 못했다. 에브라임은 가나안 족속을 쫓아내지 못했다. 므낫세는 벧산, 이블레암, 도르, 다아낙, 므깃도 주민을 쫓아내지 못했다. 그래도 여호수아 12:21에 따르면 마지막 두 도시(다아낙, 므깃도)의 왕들은 패했으며 그들의 땅은 재분배되었다. 스불론은 가나안 족속을 쫓아내지 못했고 아셀, 납달리, 단도 모두 실패했다. 유다를 제외하고는 모두 실패했다. 여호수아의 죽음과 매장 이야기를 반복적으로 기술한 후 신명기 역사가는 이어지는 열다섯 장의 내용을 요약한 다음에 이스라엘 각 지파의 구원자가 지휘하여 싸운 이야기를 하나씩 소개한다. 이 구원자들의 매장지는 대부분 언급되고 있다. 그곳들은 중앙통치에 위협적인 정치 사법 활동의 잠재적 중심지였다. 신명기 역사가는 이들의 역사를 재앙의 연속으로 간주한다. 그들의 통치가 실패했기 때문에 땅을 소유하지 못하게 되었다는 것이다.

이런 내용은 신명기 역사가가 구원자들의 역사를 수집하여 평가한 것으로서 사사기 17~21장에 기록된 별도의 사건들을 묘사할 때도 그 특징을 분명히 보여준다. 하지만 영웅담 자체나 영웅 이야기 모음집 자체는 그런 평가를 갖고 있지 않았다. 그런 이야기들은 대부분 이 구원자들의 업적을 칭송하는 것으로 보인다. 학자들은 이 이야기 모음집이 요시야 시대에는 거의 확실하게, 그리고 어쩌면 히스기야 시대에도 이미 기록된 형태로 존재했으며 그보다 먼저 존재했던 구전들을 포함시켰을 것이라고 주장한다. 어떤 경우는 다윗의 나라가 생기기 전에 이미 존재했을 것이라고 말하기도 한다. 이 모음집과 자료의 성격은 이와 비슷한 성격을 지닌 여호수아서의 내용 상당 부분의 초기 역사를 이해하는 데 매우 중요하다. 여호수아의 업적은 신명기 역사가의 관점에서 볼 때 사사기의 메시지와 반대되는 내용을 담고 있음에도 불구하고 사사기와 잘 조화된다. 특히 저지대의 도시에 거주하는 압제자와 맞서 자기 백성을 위해 싸우는 지파의 구원자 모습은 그들의 영향력이 강력한 군주를 능가하는 것이었음을 일깨워준다. 그리고 그 영웅의 정신이 살아 있고 경배할 마음을 부추기는 무덤으로 끝난다.

'사사들'처럼 여호수아는 지역 영웅 혹은 '성인(聖人)'이었다. 그는 무덤 성소와 결부되어 있으며 그에 관한 이야기 일부는 왕실의 목적을 위해 궁정 저자에 의해 활용되었다. 여호수아와 성서에 기록된 그에 관한 이야기가 다소 느슨하게 연결되어 있다는 것은 주목을 받아왔다. 이런 이유로 여호수아를 숭배하는 지역 제의의 지지자들이 어떤 업적 때문에 그를 지역의 정치권에서 무형의 지도자로 떠받들게 되었는지는 분명치 않다. 하지만 여호수아의 무덤이 왕권 찬탈자인 여로보암 1세의 고향과 가깝다는 사실은 여호수아가 무슨 이유로 유명해졌는가와 상관없이 그는 이미 죽었지만 여전히 영향력을 행사하고 있는 영웅이며 그가 에브라임 출신인 여로보암을 후원한다고 주장함으로써 여로보암에 의하여 이스라엘의 정치권에 소개되었음을 암시한다. 그래서 이 여호수아는 다윗의 나라에 저항하여 세워진 이스라엘의 건국과 연관하여 에브라임 출신 영웅이 아니라 '이스라엘'의 영웅이 되었고 나중에 히스기야와 요시야 같은 다윗 가문의 왕들이 받아들이거나 활용하기에 가장 좋은 대상이었다. 어쩌면 히스기야가 이 여호수아라는 인물을 활용하고 다윗 가문이 이스라엘에 대한 통치권을 주장하는 역사 즉 신명기 역사서의 초기 형태에 도입했을 것이다. 히스기야가 먼저 그렇게 하지 못했다면 나중에 요시야가 고대 이스라엘의 에브라임 지파의 영웅을 선택했을 것이다. 여호수아는 이제 정적이 아니라 다윗 가문의 일원이 된 것이다.

신명기 역사서는 이런 방식으로 복잡 다양한 자료를 사용한다. 여호수아서도 이와 전혀 다르지 않았을 것이다. 실제로 동일 자료가 두 번 사용된 것으로 보이는 경우가 있다. 여호수아의 죽음을 묘사하는 여호수아 24:29~30과 사사기 2:8~9가 그렇다. 또 악사 이야기도 여호수아 15:13~19와 사사기 1:11~15에서 그렇게 한다. 다른 단락도 몇 군데 더 있다. 이런 중복기사는 여호수아서가 한 번에 작성된 것이 아니라 여러 차례 작성되었음을 암시하기도 한다.

6

요시야의 개혁

앞 장에서 살펴본 바에도 불구하고 전체 신명기 역사서와 여호수아서가 가장 밀접하게 반영하고 있는 것은 바로 요시야의 통치이다. 신명기 역사서가 묘사하는 요시야 시대와 통치 기사는 의외의 측면을 지니고 있다. 주전 701년 산헤립의 팔레스타인 침공은 중대한 전환점을 나타낸다. 마을과 촌락은 황폐해졌고 수천 명의 백성들이 포로로 끌려갔으며, 유다와 앗수르 제국의 정치적 관계는 완전히 변했다. 그래도 요시야의 궁정에서 작성된 신명기 역사서는 산헤립 이후로 앗수르 사람들이 육십 년 동안 고대 근동을 장악하고 팔레스타인에서 정치적 영향력을 이어갔음에도 불구하고 앗수르를 전혀 언급하지 않는다. 더구나 이 역사서는 므낫세에 대해서 거의 설명하지 않는다. 그는 오십 년이 넘도록 통치했다. 다윗 가문이 오백 년을 통치한 기간 중에서 가장 긴 기간이었다. 그런데 므낫세에 관해 전하는 내용은 대부분 형식적이거나 그렇지 않으면 이 역사서가 포로기에 개정된 단락에 속한다.

또 이 역사서는 요시야가 재위 18년째에 개혁을 했다는 기록 이외에는 아무것도 설명하지 않는다. 그의 통치는 31년간 지속되었으나 신명기 역사가는 곧장 재위 18년, 즉 그가 26살이던 622년으로 들어가서 그때의 사건을 설명하는 일에 매달린다. 이 점이 신명기 역사가가 요시야에 대하여 가진 유일한 관심사이다. 신명기 역사가가 상세히 말하지 않는 역사를 더 많이 알기 원한다면 여호수아서를 제대로 충분히 해석해내야 한다. 그러나 무엇보다 먼저 신명기 역사가가 요시야의 개혁에 대해 설명하는 내용을 면밀히 살펴보는 일이 중요하다. 그 내용은 신명기 역사가가 선택적으로 강조하려는 내용으로 이루어져 있다. 요시야의 개혁은 다른 어떤 사건보다 여호수아서의 맥락을 더욱 상세하게 제공한다.

요시야의 개혁은 고대 역사에서 널리 알려진 관행에 속한다. 성서에서도 여러 차례 일어난 사건이다. 그 내용에 따르면 통치자가 국가 성소나 성전을 보수하고 국가 신(들)의 이름으로 채무면제를 강조하는 일련의 개혁법을 선포한다. 이런 식으로 평민에게 호소하는 일은 주전 7세기 그리스에서 '참주'(공평한 용어이다)라고 불리던, 초기 민주주의 형태의 통치자들이 다스리던 시대에 관행처럼 여기던 현상이었다. 이를테면 아테네의 드라콘(주전 624년)과 솔론(주전 594년)이 일으킨 유명한 개혁들은 요시야의 개혁과 거의 동시대에 이루어졌다. 그런 개혁법의 핵심은 보통 채무면제였다. 채무면제의 또 다른 형태로 채무노예 (변제불능에 빠져 계약을 맺고 일하는 하인들) 해방, 이자 금지 또는 제한, 그리고 저당물에 관한 규례가 포함되었다. 이런 모든 법이 요시야의 신명기적 개혁법에 들어 있다(신 15:1~18; 23:19~20; 24:6, 10~13, 17~18).

통치자가 그런 개혁을 하는 목적은 잘 알려져 있다. 체이니(Chaney)가 그것을 요약하였다. 그는 이런 개혁과 관련된 다량의 성서 본문과 고대 근동의 유사 사례들을 연구했다.[1] 고대 세계의 하층민은 일반적으로 무거운 채무를 지고 살았다. 하층민에게 누적된 채무로 인해 경제적, 사회적, 정치적 질서는 주

---

1 Marvin L. Chaney, "Debt Easement," 131. 이 주제에 관해 이어지는 인용문들은 여기서 따온 것이다.

기적으로 위협받았다. 그러므로 채무 개혁의 목적 중 하나는 "국가의 존립을 위협할 정도로 극심한 경제적 수탈을 완화시키는 일"이었다. 주전 622년 요시야가 개혁할 때 다윗 가문 치하의 경제와 사회는 앗수르 제국의 '평화'라는 여건 아래 광범위하게 상업화되었다. 그런 상업화는 전형적으로 높은 소작료와 중과세와 대부 제도의 조작을 통하여 부유층이 농지를 집중적으로 소유하게 만드는 결과를 초래했다. 요시야의 개혁이 채무 구제를 외치는 이들에 대한 답변이었음을 상상하기는 어렵지 않은 일이다.

개혁의 두 번째 목적은 통치자의 명성을 회복하고 '자기 백성, 특히 약자와 부당한 대우를 받는 자를 돌보는 정의로운 위정자라는 이미지를 세우는' 일이었다. 요시야의 개혁은 앗수르가 다윗 왕조를 지배한 지 팔십 년 만에 일어났다. 왕조의 세력과 수명 그리고 자치의 전통은 당시 허약해질 대로 허약해져서 지난 3세대 동안 제국의 명령에 따라 제국의 관용 아래 겨우 다스리는 수준으로 전락했다. 다윗 왕조는 나라의 채무만 증가시키는 상업화를 조장하였고 동시에 오랫동안 지켜온 관습 혹은 기존의 율법이 명시한 채무면제 조항을 무시하거나 악용하는 현상을 금지하기가 어려운 처지에 있었음이 거의 확실하다. 그러므로 다윗 왕조는 빈곤층에게 가장 잔혹하며 불의했던 조치들에 대처할 정책이 필요했다.

개혁의 세 번째 목적은 '왕권을 위협해온 엘리트 파벌들을 약화'시키기 위해 채무면제법을 선택적이고 편파적인 방식으로 시행하여 반대 세력을 잠식시키는 일이었다. 지배적인 정치 관계와 갈등은 통치계층의 관심사였고 통치계층 자신이 바로 채권자 집단이었다. 이 계층은 전형적으로 경쟁하는 파벌로 나뉘어져 있었다.

> 권력에서 배제되었거나 최근에 얻은 권력을 강화하려는 파벌은 다양한 형태의 채무면제 조치들을 앞세워 적어도 일시적으로나마 두 가지 이익을 챙겼다. 첫째, 당시 혹은 최근에 권력을 잡은 파벌에 대항하여 ... 경제적 파산 위기에 놓인

농민들의 공감과 지지를 얻었다. 둘째, 가장 최근에 권력을 잡은 파벌의 구성원들은 국가 조세뿐 아니라 채무 제도를 통해 이차적으로 잉여 소득을 얻는 가장 중요한 수혜자였기 때문에 채무 규정이나 효력을 면제하는 조치는 해당 파벌의 경제적 기반과 힘을 축소시키는 데 기여했다.[2]

요시야의 개혁은 부분적으로 최근에야 권력을 잡은 파벌의 조치처럼 보인다. 여덟 살에 왕위에 오른 요시야가 직접 개혁을 시행할 나이가 되려면 적어도 몇 년은 더 기다려야 했을 것이다. 그런 조치를 시행할 나이가 되자 그는 섭정의 틀을 벗어던지거나 혹은 섭정을 장악하여 그들과 합세하여 정치력을 강화해야 했다. 요시야는 아마도 두 번째 방식을 취했을 것이다. 섭정 위치에 있는 새로운 왕실 관료들의 지지를 받은 그는 예루살렘의 왕실과 성전에서 권력을 행사하는, 일부는 어쩌면 다윗 왕조의 초기 시대부터 이어온 유명한 가문들의 세력을 약화시킬 목적으로 채무면제 정책을 반포했을 것이다.

현대의 독자들은 요시야 개혁에서 가장 중요한 측면 중 두 가지, 즉 한편으로는 채무면제, 다른 한편으로는 가나안 토착민이라면 남녀노소를 막론하고 완전히 제거하라는, 인종 말살은 아니더라도 인종 정화에 버금가는 조치에 대하여 아주 상이한 반응을 보일 것이다. 집단에 기반을 둔 채무면제는 오늘날 대다수 사람들이 칭찬할만한 정책으로 여기고, 심지어 사회 전체의 윤리적 프로그램을 위한 용납할 만한 토대로 본다. 하지만 통상 신명기의 이상과 다르게 채권자가 그 과정을 통제할 수 있어야 한다는 조건을 단다. 그러나 바로 그들은 인종 정화가 윤리의 한계를 벗어났으므로 어떤 상황에서도 용납하기 어려운 범주에 속한다고 볼 것이다. 하지만 하나님은 모세를 통해서 두 가지를 모두 명령하신다. 그 두 가지는 **동일한** 정책과 프로그램의 일부이며 신명기의 처음 다섯 개 장 안에 등장한다. 분명히 여호수아의 세계는 우리의 세계와 같

2 윗글, 129~30.

지 않다. 바로 이 모호성 때문에 우리는 여호수아서의 다른 많은 특징과 함께 고대사회의 상황에 세밀한 관심을 기울일 필요가 있는 것이다.

요시야의 개혁에 대한 신명기 역사가의 설명은 주로 전형적인 고대 왕실 개혁에 근거한 것이다(왕하 22:3~23:24). 여기에는 왕실 성전의 수리, 채무면제라는 개혁법의 선포, 제의와 관할권의 급진적인 중앙집중화와 영토 확장이 들어 있다. 이것들은 서로 없어서는 안 되는 조치들이며 개혁을 추진하는 군주의 통치권과 관할권을 증진시켜준다. 이 같은 조치들은 요시야가 단 하나의 뚜렷한 목적을 염두에 두고 시행한 것이었다. 그것은 요시야가 대표하는 다윗 왕조의 권력 강화이다.

신명기 역사가의 설명을 따르면 개혁은 요시야가 대제사장 힐기야에게 다윗 왕실의 성전 수리를 감독하라고 명령을 내림으로써 시작한다. 고대 근동에서 성전을 수리하는 일은 재건축하는 것이나 심지어는 처음으로 짓는 것과 하나도 다를 바 없었다. 그런 공사는 통치 왕조를 재확립하고 강력한 통치를 천명하는 일이었다. 신명기 역사가에 따르면 그 전에 성전 수리를 명령한 유일한 다윗 왕조의 왕은 요아스였다(왕하 11:1~12:16). 요아스와 요시야는 공통점이 많다. 요아스의 아버지 아하시야는 암살당했고 요시야의 아버지 아몬도 그러했다. 요시야가 여덟 살에 즉위한 것처럼 요아스는 일곱 살에 즉위하였고, 오랫동안 소수파에게 지속된 취약점을 극복할 필요가 있었다. 요시야처럼 요아스의 소수집단은 강력한 제사장 한 명이 주도하였고 다윗 가문의 힘을 진취적으로 회복하는 조치로 시작하였다. 요아스의 경우는 오므리 왕조가 통제하였고 요시야 시대에는 앗수르 사람들이 통제하였다. 마찬가지로 예루살렘을 다른 나라의 군주가 통제하는 상황에도 불구하고 왕조는 회복조치를 실행하였다. 두 경우 모두, 외국 군주가 예외적으로 상업 발전을 추구했고 성전 중심의 채무 개혁이 필요하도록 만들었다.

힐기야는 요시야가 명령한 대로 성전을 수리하는 중에 모세의 율법을 발견한다. 그것은 오래전에 잃어버렸거나 오랫동안 사용하지 않았던 것이라고 한다. 이것이 신명기 12~26장에 기록된 율법이다. 그것은 당대에 기록된 것이며 여호수아에 의해 온전하게 준수되었던 내용으로 소개된다. 주지하듯이 신명기 역사에서의 이 '율법 책'이 군주시대 이전에 존재했던 고대의 요소를 포함하고 있을 듯하지만 실제로는 그런 것 같지 않고, 전체 내용은 명백히 군주시대의 급진적인 개혁을 반영하고 있다. 고대에 기록되었다고 하는 환상, 율법, 지혜가 들어있는 책이 감추어져 있다가 발견되는 것은 역사에 흔한 일이다.[3] 신명기 저자는 고대의 문서를 참조했을 것이지만 대체로 히스기야가 개혁을 일으키려고 작성했던 내용에는 없던 신명기 법들은 아마 요시야 시절에 기록되어 전체 역사서의 목표인 요시야의 중앙화 개혁을 준비했을 것이다. 모세는 율법을 소개할 때 이스라엘 백성이 정복할 땅을 지키려면 반드시 준수해야 하는 법이라는 점을 거듭해서 주장한다. 모세의 율법이 없다면 이스라엘의 땅도 없다. 이스라엘은 이 율법을 어겼기 때문에 땅을 잃어버렸다. 유다의 땅을 지키는 일은 말할 것도 없고 이스라엘의 땅을 회복할 수 있는 유일한 희망은 율법을 회복하는 것이다. 그리고 바로 요시야의 제사장 힐기야의 손을 통해 오랫동안 고대해왔던 이스라엘의 땅 수복을 이제 다윗 왕조가 시작하려고 한다.

이 율법의 두 가지 강조점은 이미 언급했다. 하나는 제의와 사법권의 중앙화이고 다른 하나는 주기적인 채무면제이다. 이 정책들은 급진적인 결정들에 의하여 실제로 실행되었고 이스라엘 사람들은 신명기에 나타난 형태를 과거에 들어본 적도 없었을 것이다. 다윗 왕조의 성전이 야훼가 자기 이름을 두려고 선택한 장소라는 주장은 야훼를 기념하는 다른 모든 성소를 불법으로 간주한다(신 12:2~12; 12:29~13:18). 신명기 역사서를 통틀어 야훼의 임재는 야훼 하나님의 이름의 임재로 표시한다. 신명기 역사서는 야훼의 이름이 중앙 제의의 정치적 특성을 담고 있다고 생각한다. 다른 모든 제의처럼 중앙 제의는 종교

3 Jonathan Z. Smith, "The Temple and the Magician," in *Map Is Not Territory: Studies in the History of Religions* (Leiden: Brill, 1978): 176, 특히 각주 19를 보라.

적이면서도 현대인들이 말하는 사법적인 측면을 갖고 있다. 야훼라는 이름은 예배하고 간구드릴 때뿐만이 아니라 재판할 때와 맹세할 때도 언급한다. 그런 방식으로 송사를 판결해야 증거도 참되며 판결도 의롭다고 인정한다. 신명기의 1장에서 모세가 사법관을 임명하는 장면의 묘사[사경(四經)의 E 전승(출 18:13~27)을 빌려왔을 것이다]를 놓고 판단해본다면 요시야는 다윗 왕조의 관할권을 확대하여 중앙화하고 이러한 사법적 목적을 위해 전체 백성을 열 가구 단위로 나누어 서로 감시하는 조직을 만들 계획을 세웠음을 알 수 있다(신 1:9~18; 참고. 16:18~20).

모세의 첫 번째 율법이 불법으로 규정한 성소와 관할권은 바알, 아스다롯, 아세라 같은 팔레스타인의 토착 신들뿐 아니라 하늘의 해, 달, 별에게 봉헌한 성소들을 포함한다. 열왕기하 17:29~31에서 앗수르 사람들이 팔레스타인에 들여온 외국인 제의의 상황은 모호하다. 요시야가 그것들을 폐지했다고 말하지 않기 때문이다. 이 문제는 아래에서 다시 살펴볼 것이다. 불법으로 간주된 이 성소들 가운데는 여호수아와 모세처럼 작고한 영웅들에게 바친 성소들도 포함된다. 요시야는 여호수아의 성소를 불법으로 선언하는 대신 선제적 조치를 취한다. 모세의 성소 또는 성소들은 이미 존재했음이 분명하다. 이에 대한 선제적 조치를 취하는 일은 새로운 요시야를 자처하고 나서는 호전적인 반란 세력이 할 수 없는 일로 여겨졌음이 명백하다. 따라서 모세가 요단 동편에서 죽었다는 사실—J나 E는 이 문제를 언급하지 않았지만 아마도 기정사실로 굳어진 전승이었을 것이다—뿐 아니라 "지금까지 그의 묻힌 곳을 아는 자가 없느니라"(신 34:6)고 공식적으로 선포하였다. 이것이 대중적으로 널리 받아들여진 견해는 아니었을 것이다. 이와 반대로 모세에 관한 그들의 서술은 대중적인 신앙심과 관행에 대항할 수 없기 때문에 요시야와 그의 파벌이 내놓은 선언이며 판결이었을 것이다.

중앙 성소에서 행하는 주요 의식은 고대의 거의 모든 성소들에서처럼 자주 고기를 먹는 제사이다. 그래서 역사가는 고기를 어디서 어떻게 먹어야 하는지를 기술한다(신 12:13~27; 14:3~29). 이 주제는 신명기 15:19~23에서 다시 언급하며 중앙 성소에서 거행하는 세 가지 주요 축제를 지키는 규정들로 이어진다(신 16:1~17). 더불어 중앙화를 다루는 율법의 서두는 유다 출신의 레위 제사장들을 배치하는 문제를 다룬다. 그들은 당시에 불법으로 간주된 예루살렘 이외의 성소들에서 직무를 수행한 것으로 보인다. 그들은 중앙 성소의 보호를 받지만 온 나라에 흩어져 거주해야 한다(수 21장).

신명기 15장에서 역사가는 율법이 두 번째로 중요하게 강조하는 대목에 다다른다. 그것은 채무면제이다. 이것 역시 급진적인 율법이었다. '매 7년 끝에는' 동포 이스라엘 백성, 즉 모세의 율법을 지키겠다고 언약을 맺은 다윗 왕조의 신민들이 가진 채무를 '면제하라.' 외국인들은 무기한 채무상환을 독촉받을 수 있다. 프릭(Frick)이 지적한 대로 신명기 역사서는 사경과 마찬가지로 계층이 아니라 '민족적' 정체성을 일차적인 사회적 범주로 제시한다. 신명기를 떠나서 나머지 역사 속에서는 가난 문제를 완화시키는 일에 거의 관심을 두지 않는다.[4] 모든 토지개혁과 채무개혁법처럼, 성서 역사 전반에서 통치자의 개혁법과 유사한 법이 등장하기는 하지만(참고. 출 22:25~27; 레 25:8~55; 느 5:1~13과 암 2:6~8; 사 3:13~15; 렘 34:8~22처럼 그런 율법들을 연상시키는 예언자들의 수많은 신탁들은 신 15:1~18의 흔적이 남아 있지만 완벽한 형태의 왕실 개혁을 표현한 것으로 보이지 않는다), 이 법은 오래 가지 못했다. 채권자는 7년마다 시행되는 면제년이 다가오는 시기에 궁핍한 사람의 대부 요청을 거절해서는 안 된다. 신명기 15:11에 묘사된 조건은 신약성서에서 사용하기 때문에(마 26:11; 막 14:7; 요 12:8) 오해를 한다. 신명기의 히브리어 본문은 이 율법을 준행하고 땅에 소득이 풍부해지더라도 가난한 사람은 없어지지 않을 것이라는 뜻으로 말한 것이 아니다. 그 대신에 너희가 땅에 들어가 정착하여 살 때 '가난한 자가 없지는 않

4 Frank S. Frick, "*Cui Bono?*—History in the Service of Political Nationalism: The DtrH as Political Propaganda," *Semeia* 66 (1994): 79~92.

을 것이므로' 그들에게 손을 펴서 나눠주라고 말한다. 이런 조항이 특별한 까닭은 낙관주의와 선한 의지를 표명한다는 점 때문이다. 이스라엘 백성은 채무를 단순히 면제해주는 일로 그치지 않고 그 일을 기꺼이 아주 즐거운 마음으로 해야 한다. 이런 태도는 또 다른 채무면제 형식으로 채무노예를 해방시켜줄 때도 요구된다.

더구나 신명기 역사가는 여기서도 채무노예에 관한 여호수아서의 해석을 따르고 있다. 채무노예 문제는 여호수아서에서 아주 중요하다. 7년마다 채무노예를 풀어줄 때 요시야의 율법은 양, 염소, 곡식, 포도주를 후하게 주라고 규정한다(신 15:12~14). 이유는 이렇다. 너희도 한때는 이집트에서 종살이를 했고 야훼께서 너희를 해방시켜 주실 때 후하게 주신 것처럼 너희도 그렇게 하라는 것이다(신 15:15). 이것은 놀라운 내용이다. 사경의 출애굽기에 이스라엘이 이집트에서 고통받은 것은 평생 지속되는 강제부역, 즉 국가가 노동형태로 세금을 부과하는 일로서 노예나 다를 바 없는 삶 때문이었다. 신명기적 사상은 다르다. 신명기의 저자만 그렇게 생각한 것은 아니었을 것이다. 여기서 출애굽 사건은 강제부역 노예(corvee slavery)가 아니라 채무노예(debt slavery)를 놓아주는 전례로 언급된다. 신명기 역사가는 강제부역 노예와 채무노예 사이에 중요한 차이가 있다는 점을 분명히 알고 있었다. 원칙적으로 그 역사가는 강제부역 노예제도에 대해서는 아무런 문제를 느끼지 않았다. 강제부역 노예 문제를 다룬 신명기의 율법은 하나도 없다. 사무엘상 8:17에서 사무엘이 이것을 언급했을 수도 있지만 신명기 역사가는 부연설명을 하지 않는다. 다윗은 친히 강제부역을 실시했다(삼하 20:24). 다윗 왕조가 야훼 하나님만을 섬기기 위해 세운 성전은 이스라엘인 강제부역 노예들이 건축했다(왕상 5:13; 12:4; 이 구절들은 얼핏 보면 왕상 9:22와 모순된다). 채무면제가 고대 근동에서 성전개혁을 할 때 가장 중요한 주제였던 것처럼 채무노예는 신명기 역사가의 지배적 관심사이다. 그러므로 신명기 역사서의 유월절은 출애굽 사건을 축하하는 절기로서 채무노예의 해방 사건을 기념하는 행사이다. 그래서 유월절을 채무노예법 다

음으로 중요하게 다룬다(신 15:19~16:8).[5]

유월절에 대한 신명기 역사가의 이해가 중요하다는 사실은 여호수아 2~6장에서 요단강을 건너서(출애굽기에서 이스라엘이 홍해를 건너듯이) 유월절을 지키고 여리고 성을 정복한 일을 해석할 때 분명해질 것이다. 이 기사 모두 라합과 그의 가족을 구원하는 이야기의 틀 속에서 전개된다. 라합은 성매매 여성이다. 다시 말해서 그녀는 가난에 떠밀려—그리고 가난한 부모나 형제들 때문에—가족이 빚으로 파산당하지 않게 하려고 혹은 가족이 이미 진 빚을 갚으려고 어쩔 수 없이 몸을 파는 여성이다. 라합과 그 가족을 구원한 이야기는 가나안에 사는 한 가족을 진멸법(헤렘), 즉 중앙 통치를 위해 제의적 목적으로 원수를 죽여 야훼에게 '바치는' 행위에서 구원한 것 이상의 의미를 지닌다. 그것은 요단강을 건너 여리고를 무너뜨린 사건이 나타내는 땅의 재정복이란 의미와 함께 요시야 개혁의 핵심인 채무를 면제하는 법의 형식으로 선별적으로 채무노예를 구원해준다는 의미를 함축하고 있다.

신명기 법에 명시된 대로 요시야 개혁이 보여주는 또 다른 주요 특징은 남성 가부장의 권한을 제한하는 일이었다. 이들의 가장 중요한 권한은 지역의 행정관 역할을 하는 것이었다. 그들은 자기가 처리해야 할 소송을 자기 입맛대로 판결했을 것이다. 요시야 개혁법은 내용에 관계없이 그것이 공포되었다는 사실만으로 이 남성 가부장 계층의 권력을 축소시켰다. 이 법대로 열 명 당한 사람 꼴로 행정관을 삼았다면(신 1:15) 그들의 권력은 당연히 제한을 받는다. 대다수 산업화 이전 사회에서의 정치적 갈등은 중앙권력과 주변부 권력의 마찰 때문에 생긴다. 주변부 권력은 여러 가지 형태로 나타난다. 가장 흔한 것은 왕권 경쟁자, 지방 토착 관료나 유명 인사, 군사 조직을 가진 지도자, 지방의 용사나 불법세력(지방법이 통제하지 못하는 자들), 그리고 생존하거나 작고한

---

5 신명기 역사의 유월절 단락은 적절하게도 소와 양의 첫 새끼를 먹는 일과 관련된 규정으로 시작한다. 이것은 출 13:1~16의 유월절 법을 둘러싸고 있는 주제이기도 하다.

지역 성인들이다. 그들은 개별적으로 자신의 힘과 권위를 행사했다. 이와 같은 주변부 권력층들은 앞선 논의에서 고찰했다. 요시야와 중앙화 프로그램에 잠재적인 위협이 되므로 신명기 역사가가 관심을 쏟는 사안이었기 때문이다. 이처럼 두드러지게 위협적인 반대 세력 외에는 좀 더 일반적으로 말해서 각 대가족의 가장이 또 다른 형태의 힘과 권위를 지닌 존재들이었다. 요시야는 관할 영역에 사는 모든 남성 가장의 권세와 힘을 제한하여 중앙으로 집중시키려고 했던 군주이다. 그런 경우가 처음은 아니었다.

제의를 중앙에 집중시키고 7년마다 채무를 면제하는 법처럼 가부장의 권력과 특권을 제한하려는 법들은 전통적 이상은 아니라 하더라도 전통적 관습에서 근본적으로 벗어나는 조치였다. 이 법들은 대체로 모세의 율법 모음집 후반부 즉 신명기 19~25장에 나온다. 하지만 어떤 경우는 초기의 법과 같은 내용을 지닌다. 그런 입법이 얼마나 급진적인지를 보여주는 단적인 사례가 제의를 단일화하는 법이다. "네 형제나 네 자녀나 네 품의 아내나 너의 친족이 가만히 너를 꾀어 이르기를 '너와 네 조상들이 알지 못하던 다른 신들을 ... 가서 섬기자'라고 할지라도 너는 그를 따르지 말며 듣지 말며 긍휼히 여기지 말며 애석히 여기지 말며 덮어 숨기지 말고 너는 ... 그를 죽이라"(신 13:6~9). 다른 말로 하면 한 가정의 가장은 자기 친족을 국가의 통제로부터 보호할 권리가 없어진다.

신명기에서 사형선고에 해당하는 가족 범죄를 분석한 스툴만(Stulman)은 신명기법이 아버지와 남편의 권한을 제한하고 그 권한을 국가 산하의 지방 법정에 집중시키고 그 모두를 중앙 성소의 사법권 아래 두는 경향이 있음을 보여주었다(신 17:8~13).[6] 국가 즉, 다윗 성전과 궁정은 가족의 범죄에 국가가 나서서 법정판결에 마을 장로를 내세우고 마을 문에서 공개 처벌하는 것을 의무화함

6 Louis Stulman, "Sex and Familial Crimes in the D Code: A Witness to Mores in Transition," *JSOT* 53 (1992): 47~63.

으로써 대가족 집안의 남성 가부장이 가진 권력을 제한한다. 집안의 남성 가장은 자기 가족에게 최종적 권위를 행사하지 못한다. 비슷한 다른 사례처럼 이와 같이 권력을 중앙에 집중시키는 국가는 처녀성, 간음, 근친상간과 같은 성 문제를 규제하여 가족과 그 우두머리를 통제하려는 목적을 갖고 있다. 그런 법들이 마을 장로의 특권을 강조하는 것 같지만 그렇지 않을 것이다. 이 역사의 아주 초기에는 국가적이고 엄격히 통제되는 사법제도가 지역 권력자를 통해 이루어진다고 기록되어 있다(신 1:9~18; 16:18~20). 신명기에 묘사된 여러 경우를 볼 때 장로들이 사법권을 행사하는 범위는 현저히 축소되어 있다.

이런 내용은 스타인버그(Steinberg)의 유사한 연구를 확증해준다. 그녀는 신명기 19~25장의 법들이 가족 문제에 관한 중앙정부의 통제력을 증대시킨다는 결론을 내린다.[7] 이 법들은 대가족을 희생시키는 대신 핵가족을 지원하고 규제를 받는 마을과 촌락의 장로 협의체를 통해 국가의 감독을 강화함으로써 혈족을 중시해온 사회제도를 약화시키는 경향이 있다. 이 법들이 남성의 권한을 제한하고 여성의 권리를 강화하여 핵가족을 보존하는 데 도움이 된다는 사실은 종종 주목받아 왔다. 하지만 신명기 역사가는 여성의 권한 자체에는 관심이 없고, 단지 핵가족을 중시한다. 핵가족이 개인보다 더 중요하다. 이 새로운 권리를 지키기 위해 핵가족에게 영향을 주는 법적 결정권을 아버지나 남편의 손에서 빼앗아 마을의 장로들에게 준다. 그들이 질서를 세우는 사람들이다. 이런 조치가 관례에서 벗어난 것임은 출애굽기 22:16~17과 신명기 22:28~29를 비교해보면 알 수 있다. 두 개의 본문은 약혼하지 않은 처녀와 성 관계를 가진 남자의 경우를 다룬다. 출애굽기는 신부 값(『개역개정』, 납폐금)을 남자와 여성의 아버지가 협상하며 여성의 아버지가 그 사람과 결혼할지의 여부를 결정

7 Naomi Steinberg, "The Deuteronomic Law Code and the Politics of State Centralization," in *The Bible and the Politics of Exegesis*, ed. David Jobling, Peggy L. Day, and Gerald T. Sheppard (Cleveland: The Pilgrim Press, 1991): 161~70.

한다. 반면 신명기는 신부의 값을 오십 세겔로 정해두고 있으며 반드시 결혼해야 하고 이혼은 허용되지 않는다. 여기서 그 여성의 아버지는 언급도 하지 않는다. 오늘날이라면 이런 법은 사생활 침해라고 할 수 있다. 그렇지만 이것이 요시야 시대에 가정을 이루고 사는 남성들이 경험하던 생활방식이다.

신명기에는 이런 율법이 많다. 어떤 것은 국가가 강요하는 내용도 있다. 이를테면 피의 복수를 자제시키는 법은 가문과 혈족 사이에 사병을 모아 파벌 싸움을 하는 것으로 무분별하게 확대되지 않도록 만든다(신 19:1~13). 또 남편이 두 부인 중 한쪽을 더 선호한 결과로 장남과 그의 어머니가 가진 장자권이 침해당하는 것을 막아주는 법도 있다(신 21:15~17). 부모는 거역하는 아들을 훈육할 수 있지만 기존의 관습(출 21:15, 17)대로 죽이지는 못한다. 부모는 그런 아들을 성문에서 마을 장로들이나 행정관에게 넘기고 불만 사항을 공개적으로 선포해야 한다. 장로들은 마을 남성들을 소집하여 사정이 타당하다는 것을 인정한 뒤에 그 아들을 공개적으로 처벌할 수 있다. 아내가 처녀가 아닐 경우 남편은 개인적으로 처리하지 않고 아내의 부모와 함께 증거를 모아 마을 장로들에게 소송을 제기할 수 있다. 원고가 잘못한 것이 밝혀지면 은 백 세겔의 벌금을 물어야 하고 아내와 평생 이혼할 수 없다. 원고가 옳으면 처녀가 아닌 아내는 아버지의 집 문 앞으로 끌려가 그녀의 아버지가 아니라 마을 남성들에 의해 돌로 쳐 죽임을 당해야 한다(신 22:13~21). 어떤 남자가 유부녀와 간통하면 둘 다 돌로 쳐 죽여야 한다. 유부녀의 남편이나 그녀의 아버지나 형제들은 그녀를 구할 수 없다(신 22:22). 수혼법(嫂婚法)은 예외처럼 보이지만(신 25:5~10) 이 경우도 강조점이 일차적으로 대가족에서 핵가족으로 바뀐다. 그래서 고인의 재산을 가까운 가족이 간직하도록 하고 나중에 형수와 동생 사이에 태어난 자식이 고인의 이름을 계승하고 늙은 어머니(과부)의 노년생활을 돌보게 한다. 동생이 거절할 경우 과부는 장로들에게 소송을 제기할 수 있다. 장로들은 침을 뱉고 수치스럽게 하는 의식을 거행하여 동생을 '이스라엘 중에서' 공개적으로 수치스럽게 만든다(수 17:1~13의 논의를 보라).[8]

채무면제법처럼 신명기가 군주의 편에 서서 가부장의 권위를 억제하는 것을 이해하는 것이 중요하다. 왜냐하면 여호수아를 그렇게 묘사하고 있기 때문이다. 이것과 여호수아의 연관성은 도피성 제도를 능가하고 있다(수 20장, 참고 신 19:1~13). 여호수아는 통일된 이스라엘을 다스리는 한 명의 지도자를 대표한다. 한 사람이 정복 과업을 이끈다. 땅 정복과 분배 기사에서 특정 '지파들'과 지파의 수장들이 경쟁하면서 이해관계로 부딪히는 경우들(삿 4~5장과 비교해보라)은 제외하고 있다. 제사장 엘르아살에 대한 언급이 신명기 역사에 속하지 않음을 전제한다면 지파의 수장들이 서로 의존하거나 다투면서 경쟁하거나 협력하는 모양새에 대한 언급은 없다. 예상할 수 있는 이 모든 이야기들은 여호수아의 이야기 같은 전쟁 기사에는 빠지기 어렵지만 하나도 나타나지 않는다. 라합과 그녀의 가족이 진 빚 이야기가 여호수아서의 첫 단락에서 중심을 차지하는 것처럼 아간과 그의 가족 이야기가 여호수아서의 두 번째 이야기인 아이 성 정복 기사에 등장하는 것(수 7~8장)은 우연한 일이 아닐 것이다. 라합 이야기가 채무노예를 구원해주는 일을 보여주듯이 아간 이야기는 군주의 권위와 힘이 지역 족장보다 우위에 있다는 것을 보여준다. 아간과 같은 족장이 군주와 동일한 '지파'에 속한다고 해도 마찬가지이다. 여호수아가 헤렘 법을 어긴 사람을 찾으려고 제비를 뽑아 지파, 혈족, 가족 그리고 가장을 찾아낼 때 아간의 사회적 위치를 자세히 언급하는 방식은 그의 사회적 고립을 부각시킨다. 아간의 편에 서서 그를 구하려고 옹호 또는 두둔한달지, 도망치거나 숨도록 도와주기 위해 나서는 사람은 하나도 없다. 온 '나라'가 만장일치로 군주와 합세하여 이 족장 한 사람과 그의 핵가족(이상하게도 그의 아내는 언급하지 않는다)을 무자비하게 제거하는 데 동참한다. 이런 모습은 단지 집단의 결속력을 표현하는 것 이상의 목적에 기여한다. 그것은 요시야의 개혁에 쏟는 열정과

---

8 Tikva Frymer-Kensky, "Deuteronomy," in *The Women's Bible Commentary*, ed. Carol A. Newsom and Sharon H. Ringe (Louisville: Westminster/John Knox Press, 1992), 52~62.

지휘체계를 압축적으로 보여준다.

그동안 우리는 요시야의 제사장과 서기관이 만들어낸 율법을 탐구했다. 이제는 요시야 개혁이 어떤 과정을 거쳐 진행되었는지 알아볼 차례이다. 요시야는 유다의 모든 장로들—율법에서 내내 언급한 마을과 촌락의 수장들—에게 모든 귀인과 제사장, 제의 종사자들, 신하들 그리고 일반 백성들과 함께 예루살렘으로 모이라고 명령한다. 이렇게 모인 엄청나게 큰 '무리' 즉 다윗 왕조의 온 민족의 '귀에' 요시야는 성전에서 발견한 모세의 율법 전부를 친히 낭독한다. 그런 다음 요시야와 거기 모인 온 민족은 언약을 맺고 기록된 모든 율법의 말씀을 지키기로 결의한다(왕하 23:1~3).

이러한 순전한 합의를 바탕으로 요시야는 유다부터 시작해서 제의 순수화 조치에 들어간다. 요시야는 첫 번째 율법에 순종하여 성전 제의를 정화하고 정결하게 하며 야훼 하나님 한 분을 섬기는 단 하나의 성소, 그리고 단 하나의 제의와 경쟁하는 다른 모든 제의를 척결한다(왕하 23:4~14). 바알, 아세라, 태양, 달과 별들 특히 아스타르트와 아티라를 주신(主神)으로 섬기는 제의시설과 설비를 폐지하고 무너뜨리고 불태운다. 이것들은 오랫동안 다윗 왕조의 교역을 증진시켜준 가나안 신들이고 특히 솔로몬과 그리고 앗수르 시대에는 아하스 및 므낫세와 연관이 있다. 대부분의 포퓰리스트적인 개혁이 그런 것처럼 요시야의 개혁은 상업에 대한 혐오감을 부추긴다. 상업은 촌락민을 채무노예로 만들어 그들의 노동을 담보로 잡히게 만들고, 또 채무노예들이 담보로 잡힌 토지를 대규모로 겸병하여 현금 작물을 생산하는 재산으로 만드는 현상의 근본적 원인이기 때문이다. 예루살렘 내와 인근의 제단과 산당은 '게바에서부터 브엘세바까지'의 유다의 모든 제단과 마찬가지로 파괴된다. 여기에는 여호수아라고 알려진 그 성읍의 지도자의 문 입구에 세워진 '산당'도 포함되어 있다. 성문에 위치한 이 산당은 이 유력인사의 관할권을 인정하는 것이었다. 그러나 요시야는 이것을 헐어 그의 불복종을 끝냈다(23:8). 요시야는 폐지된 모든 성소의 제사장들을 지역에 남겨두었지만 이제 그들은 중앙 제의에 의존하게 되었다. 폐지된 성소에 바치던 제물들을 전부 중앙 제의에 바치도록 명령했기 때문이다(왕하 23:9). 이것은 제의 중앙화를 통해 경제적 착취가 일어났다는 표시로 받아들여졌다. 신명기에서 레위인으로 불리는 제사장들은 이제 다윗 성전의 후견을 받는 존재들로 전락한다.[9] 다수의 학자들은 이 제사장들이 역사 초기에 다윗의 산간지대 통치를 위해 다윗 왕조가 임명한 집단이었다는 이론을 제시한다. 요시야는 분명히 이들에게 정착지를 새롭게 지정해 줄 필요를 느낀 것이다(참고. 수 21:1~42). 요시야는 예루살렘에서 거행해오던 유아 희생제사를 중지시킴으로써 가장이 아들과 딸의 운명을 결정하던 권한을 박탈하고 그것을 왕의 권한으로 규정한다. 요시야가 유다를 정화하면서 행한 마지막 사건은 솔로몬이 세운 성소들을 파괴하는 일이었다(23:13~14). 이 성소들은 개혁자의 관점에서 볼 때 다윗 왕조가 이스라엘 땅을 잃어버리게 만든 일차적 원인이었다. 이곳들을 파괴함으로써 이스라엘 땅을 재정복(수복)하는 길이 깨끗해졌다.

요시야는 유다를 정화한 다음에 개혁의 칼끝을 이스라엘에게로 향한다. 다윗 왕조의 국토수복 정책은 300년 이상 잠잠하다가 지난 100년 동안 대두된 사안이었다. 이제 그것을 해결할 수 있는 때가 되었다. 과거에 유다에서 온 사람이 여로보암이 세운 벧엘 제단—이스라엘의 왕들에게 다윗 가문이 혐오하는 이스라엘의 관할권을 대대로 인준해 준 장소이며 그 관할권조차 다윗 성전에서 발견된 문서에 의하면 모세가 처음부터 정죄한 것이다—에서 예언했던 내용이 성취될 차례이다. 요시야는 벧엘 제단부터 시작한다(23:15~18). 그는 벧엘 제단과 성소를 파괴했다. 요시야는 유다에서 온 사람이 예언한 대로 부근에 있던 예언자의 무덤에서 뼈를 꺼내어 제단의 잔해와 함께 불에 태웠다. 유다에서 온 사람의 유해는 무덤에 그대로 보존하도록 조치하였다. 요시야가 그것을 보존한 까

9 W. Eugene Claburn, "The Fiscal Basis of Josiah's Reforms," *Journal of Biblical Literature* 92 (1973): 11~22.

닮은 지난 삼백 년 동안 저지른 무분별함을 처벌한 획기적 사건의 유산으로 삼으려는 것이었다.

요시야는 벧엘에서 시작하여 이스라엘의 왕들이 통치하던 시절에 세운, 이스라엘의 남아 있는 성소들을 파괴하였다. 그는 유다에서 불법적인 성소를 섬기던 제사장들을 살려준 것과 달리 이스라엘의 제사장들은 살육하였다. 끝으로 그는 예루살렘으로 돌아왔다(23:19~20). 이 기사가 짧다는 점은 오랫동안 주목을 받았다. 아마도 신명기 역사가는 여호수아가 행한 가나안 정복의 핵심적인 내용을 개괄하면서 이스라엘 수복 사건의 세부 사항은 뒤에 보도하려고 남겨두었을 것이다. 요시야가 이스라엘을 돌아다니면서 개혁을 추진한 장면은 상세히 묘사되지 않는다. 이미 알고 있듯이 요시야는 앗수르 제국이 과거에 이스라엘 땅으로 이주시킨 제국 주민의 제의는 공격하지 않는다(왕하 17:34). 다만 '이스라엘 왕이 세운 산당의 제단만'(23:19) 파괴하였다.

이런 식으로 요시야의 역사가는 토착민의 제의와 외국인의 제의를 뚜렷이 구별한다. 이러한 구별은 저자가 앗수르의 노여움을 사지 않으려고 했거나 요시야가 수복한 지역에서 저항을 피하기를 원했다는 뜻이다. 요시야는 앗수르가 시행한 이 지역 주민정착 정책을 받아들인다. 그것은 앗수르 국경선에 따라 영토를 규정하는 데서 알 수 있다. 그리고 이 지역에 세워진 제의들을 인정하고 별도의 관할권을 존중한다. 지역 제의들은 아마 바벨론 사람, 구스 사람, 하맛 사람 등등처럼 그 제의가 대표하는 제국의 지역출신 집단에 대하여 제한적으로 관할권을 행사했을 것이다. 이와 반하는 상황이 벌어졌다는 표시가 없는 것으로 보아 요시야는 분명 재판 문제나 토지 소유권 등의 재산권 문제와 같은 일들은 그들이 해오던 대로 내버려두었을 것이다. 그리고 그런 일들은 큰 비중을 차지하지 않았을 것이다.

요시야의 관심사는 앗수르 이전 시대의 주민과 지도자 그리고 제의에만 있는 것이 아니다. 그들은 소위 가나안 사람으로 나타나기도 하고 여호수아가 싸워서 차지하려고 했던 다른 구별된 집단으로 불려지는 주민들로 나타나기도 한다. 이들은 가나안 '족속들(nations)'이었다. 순서와 조합이 조금씩 다르지만 그들은 가나안 족속, 헷 족속, 히위 족속, 브리스 족속, 기르가스 족속, 아모리 족속 그리고 여부스 족속이라고 부른다(수 3:10; 9:1; 11:3; 12:8; 24:11; 나중에 그들은 이상적인 숫자인 일곱 족속으로 간주된다). 이 가나안 주민들은 또한 큰 분류로는 가나안 사람이거나 아모리 사람이라고 생각되었다. 뒤의 분류는 아모리 족속이 팔레스타인 고지대의 토착민이고 가나안 족속은 저지대의 토착민이란 생각을 보여주는 것 같다(민 13:29; 수 11:3; 13:2~5). 팔레스타인의 청동기 시대 후기와 철기 시대 동안 고지대와 저지대 문화는 서로 구별되었다.[10]

이 토착민의 지도자들 특히 이스라엘 왕의 신하였던 대다수 지도자들은 요시야가 등장하기 백 년 전에 이미 흩어져 끌려갔다. 그곳 주민들은 앗수르가 심어놓은 새로운 지도자들에게 통치를 받았다. 그들은 야훼의 간섭으로 벧엘 제의를 인정하였고 그래서 야훼가 나누어준 영토에서 토지 소유권과 특권을 누리면서(왕하 17:24~28) 그곳에서 정한 율법과 관할권을 받아들일 의무가 있다고 신명기 역사가는 설명한다.[11] 달리 말해서 새로운 이주자의 일차적인 토지 소유권은 벧엘에서 규정한 것이고 요시야가 벧엘을 파괴하였을 때 그것은 폐지되었다. 그들이 벧엘과 조율한 다음에 세운 사적인 제의들은 요시야의 수복정책 이후에도 계속 실행되었다. 이것은 자신들을 포함하여 땅의 지주들이 예루살렘에 바쳐야 할 충성심과는 아무런 상관이 없었다. 열왕기하 17:24~41에서 길게 설명하듯이 이곳 주민의 후손들은 야훼의 율법을 지키지 않았으며

---

10 Rivka Gonen, *Burial Patterns and Cultural Diversity in Late Bronze Age Canaan* (Winona Lake: Eisenbrauns, 1992), 특히 38~39; Elizabeth M. Bloch-Smith, "The Cult of the Dead in Judah: Interpreting the Material Remains," *Journal of Biblical Literature* 111 (1992), 213~24, 특히 214~19.

11 하나님이 보낸 사자들이 앗수르가 이주시킨 주민들을 잡아먹는 일이 벌어진 것은 벧엘의 사법적 권위를 인정하지 않아서 그랬다는 내용(왕하 17:26)은 역설적으로 익명의 늙은 벧엘 예언자와 함께 식사를 했다는 이유로 하나님이 보낸 사자가 유다에서 온 하나님의 사람을 죽였다는 기사와 흡사하다(왕상 13:11~32).

(벧엘이 파괴되었으므로) 따라서 대다수 지역이 이스라엘 지방의 토지 소유권 밖에 있어서 다윗 왕가의 관할을 받지 않았다. 요시야 시대 신명기 역사가들이 바라볼 때 그들의 군주는 앗수르 왕이었다.

요시야가 개혁하는 배후에 앗수르 왕이 없는 것이 아니라 오히려 건재하다는 주장에 놀랄 사람들이 있을 것이다. 과거에는 요시야의 개혁을 가능하게 한 주요 사건이 주전 7세기 말 앗수르가 붕괴하여 요시야의 개혁 당시에 잠시 정치적 공백이 생긴 것이라고 생각하곤 했었다. 앗수르바니팔 대제는 627년에 사망했고 니느웨는 612년에 함락되었고 609년에는 찬란했던 앗수르 제국에서 남은 것이 사실상 하나도 없었다. 앗수르가 무너지는 와중에 바벨론이 대신 들어섰다. 요시야가 개혁의 호기로 보았던 것은 바로 이때이다.

그러나 이런 견해는 최근에 이르러 바뀌었다. 요시야의 개혁이 민족주의적이고 포퓰리스트적인 대중 부흥운동을 전개하여 외국의 것들을 전부 조롱했다는 것은 사실이다. 이것은 100년에 걸쳐 앗수르가 문화를 지배한 결과로 앗수르 문화나 스타일을 모방하거나 앗수르와 연대를 요구하는 팔레스타인의 주민이 이제는 비방의 대상이 되었다는 것을 의미한다. 그러나 그런 비방은 요시야의 개혁을 보도하는 신명기 역사 기록에 아무 흔적도 남아 있지 않다. 신명기 역사서는 그 어디에도 그렇게 비방하는 흔적이 없다. 앗수르 사람들이 피정복지 주민에게 앗수르 신을 섬기라고 요구하지 않았고 요시야가 성전과 유다 지역의 제의를 정화하는 조치가 반앗수르적 행위가 아니라는 것은 이제 명백해졌다.[12] 분명히 신명기 역사가는 한편으로 그 지역의 원주민을, 다른 한편으로 앗수르가 바벨론과 구다, 하맛, 스발와임, 앗수르 주민을 이주시킴으로써 주전 622년 당시에 그곳에서 살던 새로운 이주자들과 분명하게 구별한다. 요시야는 토착민의 제의를 공격하고 있지만 앗수르의 새 이주자의 제의는 공

---

12 Mordechai Cogan, "Judah Under Assyrian Hegemony: A Reexamination of *Imperialism and Religion*," *Journal of Biblical Literature* 112 (1993): 403~414.

격하지 않는다.[13]

놀랍게도 요시야의 역사가는 자신의 역사의 시작 부분이든 끝 부분이든 앗수르나 앗수르 사람들에 대하여 단 한마디도 말하지 않는다. 모세는 그들에 대하여 아무 말도 하지 않는다. 더욱 눈에 띄는 것은 그들이 히스기야가 다스리던 시대 이후에도 나타나지 않는다는 것이다. 앗수르 사람들은 히스기야 통치 기사에서 부정적인 시각으로 처리된다. 그런 기사는 예언자 이사야의 역할이 폭넓게 기록된 것으로 미루어볼 때 히스기야 당시의 자료를 통합한 것일 수 있다. 신명기 역사서를 기록한 저자들은 사무엘, 엘리야와 엘리사처럼 자신들의 역사에 뚜렷한 특징이 있는 자료들을 통합시킨 경우를 제외하고는 이름이 알려진 예언자들에게 그렇게 큰 관심을 기울이지 않는다. 그러므로 앗수르가 히스기야와 관련하여 다소 무관심하듯 묘사되는 모습은 이상한 것이 아니다. 신명기 역사가의 관점은 히스기야의 통치기사 직전에 나오는 사마리아의 멸망을 묘사할 때 더욱 잘 나타나 있다. 여기서 앗수르 왕은 단지 하나님의 심판을 실행한 것으로 묘사된다(왕하 17:1~20, 21~34).

요시야는 이스라엘의 경쟁자를 공격할 때 오랫동안 유지되었던 앗수르의 행정 구역을 존중한 것으로 보인다. 앞으로 설명하겠지만, 요시야는 아마 통치 말까지도 앗수르의 명목상 봉신이었을 것이며 결코 반앗수르 정책을 펴지 않았을 것이다. 설령 요시야의 개혁이 반앗수르 정책의 일환으로 시행되었다고 하더라도 신명기 역사서에서는 그런 흔적을 전혀 찾을 수 없다.

그러므로 여호수아서를 제대로 이해하려면 요시야가 북쪽 제의들을 정화하려고 올라간 기사에서 드러나게 말한 내용만큼이나 말하지 않은 내용도 중요하다. 앗수르가 이주시킨 주민들을 공격하지 않음으로써 요시야의 역사가는

13 이런 구분을 요시야 당시에 기록된 역사에 왕하 17:34b~40을 덧붙인 후대의 저자는 무시하거나 받아들이지 않았을 것이다. *The New Oxford Annotated Bible*, ed. Bruce M. Metzger and Roland E. Murphy(New York: Oxford University Press, 1991), 489를 보라.

여호수아 시대를 요시야 국토 수복 정책의 원형(proto type)으로 더욱 돋보이게 만든다. 거기에서는 오랫동안 거주한 주민들, 즉 이스라엘 지파의 농사꾼이나 가나안 장사꾼으로 분류되는 사람들이 일차적인 표적이다.

요시야는 예루살렘으로 돌아와 두 가지 조치를 마지막으로 실행하여 개혁을 마무리한다. 첫 번째는 '언약책에 기록된 대로' 유월절을 지키는 일이다(왕하 23:21~23). 모세의 신명기적 율법에 따르면 유월절은 중앙 성소에서 지켜야 한다. 대부분의 개혁법이 그런 것처럼 이것은 완전히 새로운 조치이다. 사경(Tetrateuch)에 묘사된 대로 유월절은 본래 지역의 가정 제의이며 주로 족장의 가족들이 한데 모여 지키는 절기이다. 신명기 16:1~17에 분명히 암시한 대로 요시야가 이런 가족 중심 제의를 억압하려고 했다는 것은 이제 더 이상 놀라운 일이 아니다. 위에서 살펴본 대로 신명기 역사가의 생각에 유월절은 원래 채무면제를 축하하는 절기이다. 그러므로 가나안 땅에서 다윗의 나라로 시작한 민족의 역사는 유월절로 시작하고 유월절로 끝난다. 첫 번째 유월절은 민족이 요단강을 건넌 다음에 지킨 유월절이다(수 3:1~5:10). 가나안 땅에서 첫 번째 유월절을 지킨 다음날 만나가 그치고 백성은 처음으로 그 땅에서 난 소산을 먹는다(수 5:11~12). 두 번째 유월절은 요시야 시대에 요시야 개혁의 마지막 단계에서 준수된다. 그것은 모세의 마지막 율법과 완전히 일치하여 지킨 것이며 이 역사에서 처음으로 일어난 일이다. 이런 사실 하나만으로도 요시야는 신명기 역사가의 표현 가운데 이스라엘 왕 중에서 가장 높은 평가를 받는다.

요시야의 마지막 조치 두 번째는 "유다 땅과 예루살렘에 보이는 신접한 자, 점쟁이, 드라빔, 우상과 모든 가증한 것을" 유다에서 제거하는 일이다(왕하 23:24). 이 용어들은 중언부언한 것이 아니다. 그만큼 이들은 신명기 18:9~14에서 금지한 여러 종류의 지역 성자들과 도구들을 가리킨다. 이 마지막 조치가 갖는 부담은 신명기 18장과 "나와 같은 선지자 하나를 일으키시리니 너희는 그의 말을 들을지니라"(신 18:15)고 모세가 말한 본문과 나란히 등장하는 모습을 보면 분명해진다. 모세를 순종하는 것은 모세를 대변하지 않는 성자에게 신탁을 구하는 일을 거절하는 것이다. 엘리야와 그보다 권위가 조금 낮은 엘리사는 모세와 거의 흡사한 모습을 지니지만 신명기 역사에서는 누구도 모세처럼 보이거나 모세와 같다는 말을 하지 않는다. 모세가 다시 나타나는 유일한 길은 요시야가 시켜서 성전에서 발견한 문서에 담긴 그의 말을 듣는 일이다. 이 문서가 진짜라는 것은 여성 예언자 훌다가 확증하였으므로 더 이상 다른 판단이나 지혜나 진리를 찾으려고 할 필요가 없다.

이것이 여호수아서가 한 부분을 이루고 있는 이야기이다. 요시야의 개혁은 신명기 역사서의 주요 목표이며 요시야의 개혁은 그것이 속해 있는 이 문서의 주요 내용을 결론짓는다. 여호수아서를 가장 중요한 문학적 맥락에서 이해하려면 그것을 요시야 개혁을 보도하는 신명기 역사가의 기사와 함께 읽을 필요가 있다. 신명기 역사의 서두를 신명기 역사의 결론부와 함께 읽어야 한다는 뜻이다. 더구나 여호수아서의 의미를 요시야 개혁의 역사적 맥락에서 더 잘 이해하려면 그것을 발생시킨 사건과 상황을 검토할 필요가 있다.

7

요시야 개혁의 역사

요시야 개혁은 다윗 왕가의 후손이 때가 되어 권력을 확고하게 장악한 사건을 나타낸다. 여기에 저항하거나 반대한 사람들은 많았다. 그들은 유력한 인사들로서 막강한 권력을 지녔다. 그래서 개혁은 실패로 돌아갔다. 이것은 놀랄 일이 아니다. 요시야의 개혁이 실패로 돌아간 데는 그런 개혁들이 부분적으로 성공한 경우에도 결국에는 실패하는 경향이 있다는 점 말고도 몇 가지 이유가 있었다. 요시야 개혁의 지지자들은 극단적 프로그램을 추진해야 하는 어려움과 개혁을 시작한 지 12년 만에 요시야가 뜻밖에 일찍 죽는 문제와 맞닥뜨려야 했다. 하지만 그들이 직면한 가장 큰 어려움은 그들의 개혁에 대한 정치적 뒷받침이 적었다는 것이다. 요시야는 유다를 중심으로 하는 다윗의 나라를 대표했고 수하의 모든 백성들을 공정하게 다스린다는 명분을 갖고 있었다. 그러나 증거를 보면 요시야의 주요 지지 세력이 힘 있는 집단이 아니라는 것을 보여 준다. 사실 권력 강화를 위한 개혁이 교정을 하는 것이라는 자체가 그의 통치 기반이 약했음을 말해준다.

요시야는 정치적 중도세력으로부터 지지를 받지 못했다. 반면에 정치적으로 극단적인 두 집단의 지지를 받았다. 하나는 팔레스타인을 통제하고 있는 제국들, 즉 이집트와 그 동맹국인 앗수르에서 나왔다. 다른 하나는 특정한 시골 가문과 그 동맹, 즉 이스라엘에 오랜 뿌리를 지니고 있는 비예루살렘계 가문, 예루살렘 바로 북쪽 베냐민 지역의 아나돗 출신인 예레미야와 같은 사람이 유명한 일원이었던 가문으로부터 나왔다. 이 가문의 족보는 실로까지 소급된다. 한때 존경을 받았던 실로 성소는 예언자 사무엘을 배출한 곳이다. 그는 다윗에게 기름을 부었으며 사울의 왕권을 찬탈하는 일을 재가하였다. 또 그곳 출신인 예언자 아히야는 여로보암이 다윗 왕가의 권력을 찬탈하는 일을 재가해주고(왕상 11:29~39; 12:15) 또다시 제3의 왕조에로 돌아섰다(14:1~18). 여로보암은 벧엘과 단 같은 국경지대에 이스라엘 제의를 복원할 때 실로를 무시했다. 여호수아서에서 베냐민 전승들이 차지하는 중요성과 거기서 이집트나 앗수르를 언급하지 않는 모양새는 요시야가 이 두 군데의 지지를 받는다는 것을 직접 반영한다.

요시야는 양대 제국과 신흥 제사장 가문의 후원을 바탕으로 대중적인 개혁에 박차를 가했다. 그가 장악하지 못하고 지지를 얻어내지 못한 사람들은 개혁을 통해 자신에게 복종시키려고 했던 유다의 강력한 가문들이었다. 요시야는 이들에게 채찍과 당근을 동시에 사용할 생각이었다. 채찍으로 요시야는 정적들이 소중히 여기는 제의를 제거하여 그들이 영향력을 행사하던 관할권을 몰수하고 채무를 탕감해주고 동시에 가부장적 특권을 제거하였다. 동시에 요시야는 당근 정책도 염두에 두었다. 즉, 최근까지 고대 벧엘 제의와 가나안 제의 그리고 과거에 이스라엘 제의가 관할하던 과거 이스라엘 영토의 토지보유권을 그들에게 제안할 생각이었다. 그러나 새로운 제사장 가문을 확립하는 데 실패하고, 앗수르가 붕괴되면서 요시야가 전사한 뒤에 이집트에 대한 증오가 고조되고 또 다윗 왕가가 바벨론에게 복종과 반역을 반복하는 와중에 결국 그 계획은 없었던 일이 되고 말았다.

처음에 요시야의 개혁을 가능하게 만든 요인은 앗수르와 이집트의 관계 그리고 다윗 왕가가 그들과 주전 7세기에 발전시킨 관계였다. 다윗 가문이 예루살렘 제의의 유일한 합법성을 주장하고 이스라엘의 통치권을 주장하는 문서였던 신명기 역사는 주로 요시야가 실제로 통치하거나 혹은 통치하고자 했던 영토의 상황을 다룬다. 그러나 요시야와 앗수르 혹은 이집트의 관계는 다루지 않는다. 이 역사서의 개혁 버전을 보면 히스기야 이후에 앗수르를 어떤 식으로든 언급하지 않는 모습이 특이하게 눈에 띈다. 그럼에도 불구하고 요시야가 자신의 권력을 강화하는 데 도움이 되었을 상황을 폭넓게 주목하는 것이 중요하다.

히스기야는 주전 701년에 앗수르의 산헤립 왕에게 항복했다. 산헤립은 히스기야의 나라를 망가뜨리고 보잘 것 없는 도시국가로 전락시켰다. 히스기야는 아들 므낫세와 10년간 공동 섭정을 한 뒤 687년에 사망했다. 므낫세는 왕으로 즉위하여 642년까지 45년을 다스렸다. 므낫세가 정치적으로 거의 무제한적 권력을 갖고 가장 오래 통치한 왕이 된 것은 부분적으로 앗수르 왕이 다스린 지역에서 충성스런 봉신으로 남아 있었기 때문이다. 그것은 므낫세가 선택할 수 있는 유일한 정책이었고 다윗 왕가가 점차 회복되어가는 이유도 되었다. 산헤립의 계승자 에살하돈은 시리아와 팔레스타인에서 일어난 산발적인 반란들을 진압하고 므낫세를 포함하여 봉신국 왕들에게 앗수르 군대가 주둔할 해안 성채 건설을 위한 강제부역 노동자들을 제공하도록 시켰다. 에살하돈이 671년에 이집트의 멤피스를 정복할 때 므낫세는 "자신의 앞마당인 아벡을 기지로 삼아 앗수르 군대가 움직이고, 남부 블레셋의 텔 젬네(Tell Jemneh) 같은 곳에는 앗수르 수비대가 머물며 이집트에 앗수르 군대가 상시 주둔하게 되자"[1] 기꺼이 조공을 바쳤다. 앗수르바니팔은 669년에 앗수르 왕이 되었고 아

1 Richard Nelson, "Realpolitik in Judah (687~609 B.C.E.)," in *Scripture in Context II: More Essays on the Comparative Method*, eds. William W. Hallo, James C. Moyer, and Leo G. Perdue (Winona Lake: Eisenbrauns, 1983): 180.

스글론으로 확대된 이집트인 반란을 즉각 진압했다. 므낫세는 이 정벌을 후원하여 직접 참전했을 것이다. 664년에 앗수르바니팔이 나일 강을 사백 마일이나 거슬러 올라가 이집트 중심부로 진격하여 테베(이집트어로 노-아몬, 즉 '아몬의 성'이라고 부름)를 함락시킬 때 므낫세는 그를 따라갔고 이 사건을 기념하기 위해 자기 아들의 이름을 아몬이라고 지었다. 22년 후 요시야의 아버지인 아몬은 므낫세의 보위를 계승하였다.

히스기야 통치 후반부의 유다는 정치적으로나 경제적으로 황폐해졌다. 므낫세는 앗수르의 봉신이라는 지위를 활용하여 왕실 경제를 회복시키려고 애썼다. 이것은 해안국가들 및 아람과 동맹을 맺고 이들에게 포도주와 기름을 수출하고 군사 물자와 사치품을 수입하는 시스템을 복원했음을 의미한다. 이런 조치는 자신이 통치하는 백성의 삶에는 치명적으로 해로운 반면 통치가문에게는 이익이 되었다. 이것이 신명기 역사가가 므낫세의 통치를 다음처럼 묘사하는 이유이다. "그가 이스라엘 왕 아합의 행위를 따라 바알을 위하여 제단을 쌓으며 아세라 목상을 만들며 하늘의 일월성신을 경배하여 섬기며...여호와의 성전에 제단들을 쌓았다"(왕하 21:3~4). 므낫세는 자기 앞의 아합이나 솔로몬처럼 해안의 도시국가들 그리고 인접한 군주들과 무역협정을 맺었다. 이 협정은 무엇보다도 동맹국이 예루살렘에 자국의 제의를 설치하도록 허용함으로써 체결되었다(이것은 그들 국가의 무역사절단에게 사법적인 영향력을 제공하였다). 그러나 므낫세가 "신접자와 박수를 신임하였다"(왕하 21:6)는 신명기 역사가의 설명에서 알 수 있듯이 므낫세의 힘은 제한적이었다. 다시 말해서 그는 지역 제의와 결부된 술사들과 그들의 영향력을 신임했다. 그것은 유다의 대다수 왕들이 용인하거나 활용하려고 했던 모습이었다.

650년대에 벌어진 사건들 이후로 므낫세의 처지는 나아졌다. 손자 요시야의 유명한 개혁이 일어나기 30년 전에 그는 앗수르의 후원을 받아 왕권을 강화하는 중앙화 정책을 추진할 수 있었다.[2] 현재 대다수 역사가들은 프삼틱(Psamtik)이 주전 657년과 654년 어간에 이집트를 장악한 뒤 앗수르가 철수하여 이집트와 우호적 관계를 유지했다고 생각한다. 프삼틱은 강력한 26 왕조, 즉 사이트 왕조의 초대 왕이었다. 그는 통일 이집트를 오십 년 이상 통치했다(664~610년). 그 기간은 요시야의 통치 시기를 거의 전부 포함한다. 두 강대국이 반세기 동안 대결하는 동안 이 시기의 양대 강국의 경쟁관계는 고대자료 어디에서도 언급하지 않는다. 앗수르는 제국의 다른 곳에 관심이 쏠려 있었다.

앗수르는 동쪽으로 엘람, 팔레스타인 내부와 주변을 포함한 서남쪽으로 아랍 부족들에 맞서 군대를 파송할 필요가 있었다. 앗수르는 7세기 초반에 이집트와 국경을 맞대고 있는 가장 강력한 아랍 족속과 동맹을 유지했고 그래서 이 부족들은 그 지역의 카라반 교역의 가장 좋은 몫을 차지했다. 655년 초에 아랍 부족들은 앗수르에 맞서 반란을 일으켰다. 바벨론을 통치하던 앗수르바니팔의 동생 사마쉬-숨-우킨도 651년에 반란을 일으켰는데 아랍 부족들은 그를 후원했다. 이 중요한 순간에 므낫세는 아랍 족속과 바벨론의 반란에 가담할 유혹을 받았을 것이다. 648년에 사마쉬-숨-우킨이 패배한 뒤 역대하 33:11에 따르면 앗수르바니팔은 므낫세를 사슬로 묶어 바벨론으로 끌고 갔다. 이런 수치를 겪게 한 이유가 무엇이든 결과적으로 므낫세와 앗수르바니팔의 관계는 개선되었고 동맹을 맺었다. 므낫세는 이집트와 국경을 맞대고 있는 앗수르 제국 서남부 완충지대에서 가장 친애하는 동맹이었던 아랍 부족을 대신하여 앗수르 왕이 가장 친애하는 동맹이었을 것이다.

---

2 Anson F. Rainey, "Manasseh, King of Judah, in the Whirlpool of the Seventh Century B.C.E.," in *Kinattutu ša darâti: Raphael Kutscher Memorial Volume*, ed. Anson F. Rainey (Tel Aviv: Institute of Archaeology, 1993); 147~64; J. P. J. Olivier, "Money Matters: Some Remarks on the Economic Situation in the Kingdom of Judah During the Seventh Century B.C.," *Biblische Notizen* 73 (1994): 90~100; Israel Finkelstein, "The Archaeology of the Days of Manasseh," in *Scripture and Other Artifacts: Essays on the Bible and Archaeology in Honor of Philip J. King*, ed. Michael D. Coogan, J. Cheryl Exum, and Lawrence E. Stager (Louisville: Westminster John Knox Press, 1994): 169~87.

므낫세는 부친 히스기야처럼 곧장 중앙화 계획을 추진하였다. 다만 이번에는 앗수르 왕에게 반대하지 않고 그의 축복을 받으면서 추진하였다. 역대기서에 따르면 므낫세는 해변 통치자들과 외교관계를 단절했고(대하 33:15) 국가 제의를 부분적으로 중앙화하는 정책을 강화하였다(대하 33:16~17). 므낫세는 왕년에서와 같은 해변 동맹의 도움이 필요하지 않았다. 당시 카라반 교역은 상당 부분을 예루살렘이 통제했다. 앗수르의 해안 통제는 이집트와 맺은 협상으로 개선되었고 군사력도 지속적으로 강화되었다. 앗수르바니팔은 643년에 아랍 부족을 물리쳤고 여기서 돌아오는 길목에서 가장 중요한 해안도시인 우수와 악코를 공격하여 그곳 통치자들을 격파하고 지도자 일부는 죽이고 나머지는 포로로 끌고 갔다. 므낫세는 예루살렘과 인근 도시를 요새화하고 수비대를 주둔시켰다는 증거들이 나왔다. 므낫세의 중앙화는 고고학적으로 기원전 7세기 중반부터 시작해서 유다의 새로운 장소에 요새 도시를 광범위하게 건설한 증거에 나타난다. 므낫세가 권력을 강화하려고 한 이유를 생각하기는 어렵지 않다. 앗수르가 아랍 부족을 점령한 이후 예루살렘의 앗수르 사령관이었던 므낫세는 점점 1차 산품 교역 대신 카라반 교역에 의존하게 되었다. 머지않아 그는 영토 내의 강력한 지주들이 왕실을 통하지 않고 앗수르 사람들 및 해안 무역상들과 직접 자기네 상품을 거래하는 것을 알아차렸다. 앗수르 사람들은 전형적인 분열 통치 전략을 구사하여 카라반 교역으로 부를 축적하는 므낫세와 1차 산품 교역으로 부를 축적하는 유다의 대지주들 양측을 자극하여 결국 서로 싸우게 만들었다.

요시야의 개혁은 과거에 생각했듯이 새로운 반앗수르 정책이 아니라 앗수르 사람들에게 우호적인 조치를 다시 취한 것이며 적어도 25년 전에 시작되었던 계획이다. 그때 앗수르는 팔레스타인의 생산성 좋은 산지 땅을 다스리는 므낫세를 으뜸 봉신으로 삼고 있었다. 심지어 요시야의 개혁 중 포퓰리스트적인 반상업적 압박조차도 혁신이 아니라 기원전 7세기 중엽 이후에 시행된 므낫세 정책의 뒤를 이어 그것을 부활시킨 것일 수 있다. 고고학자들은 아직 므낫세 시대와 요시야 시대를 구분할 능력이 없다. 므낫세 개혁의 시작을 알려 주는 고고학적 증거는 요시야의 통치 시기도 망라한다. 하지만 이런 모호함은 전혀 문제가 되지 않는다. 왜냐하면 중앙화의 증거는 분명히 7세기 중반에 시작되며 므낫세의 개혁과 요시야의 개혁을 구분할 역사적 이유가 많지 않기 때문이다.

최근의 한 연구는 그 증거를 두 군주 모두에게 적용한다.[3] 산헤립이 침공하여 유다 전역을 초토화시켰을 때 이미 유다의 다른 정착지보다 훨씬 발전하였던 다윗의 수도 예루살렘은 테라스, 거주지, 건물, 성채 등을 재건하고 보수하였다. 라기스를 제외하고 산헤립이 무너뜨린 다른 모든 유다의 도시들은 그때까지 폐허로 남아 있었다. 라기스도 7세기 후반에야 재건되었는데, 그때 라기스의 궁전은 잔해만 남았고 나머지 지역은 드문드문 사람이 살고 있었다. 이 지역의 새로운 요새화된 도시들은 대부분 이전에 정착하지 않았던 곳에 세워졌다. 이 시대의 군주는 요새지 외에 도시 안에 새로운 거주지를 만들었는데 계획적으로 중앙에 집중시키는 모습을 보여준다. 유다의 정착 역사에 관한 한 연구는 철기 시대(대략 1150~587 BCE)의 정착지 54곳 가운데 22곳이 다윗 왕조의 후반에 정착했음을 보여준다. 이들은 거의 모두 처녀지에 세워졌다. 정착지 증거에 관한 최근의 평가는 라기스 부근의 세펠라(구릉 지대; 성서에는 '세벨라' 혹은 '저지대'로 표현됨—옮긴이) 주민이 7세기에 들어서 급격히 줄어들었음을 보여준다. 그동안 유다 산지는 인구가 꾸준히 증가했고 7세기 초가 되면서 유다 건조지대와 네게브 지역은 정착지가 상당히 증가했는데 이것은 주민을 그곳에 강제로 이주시킨 것으로 이해된다. 브엘세바 계곡은 이 주거지 확대에 중요한 역할을 했다. 나중에 요시야는 여호수아 15장에서 요시야 시대의 도시 목록이 보여주는 것처럼 세펠라 지역을 다시 장악하려고 했다. 그리고 이 전

---

3 Lynn Tatum, "King Manasseh and the Royal Fortresses at Horvat 'Usa," *Biblical Archaeologist* 54 (1991): 136~45.

략은 여호수아 10장의 여호수아 전쟁에 반영되어 있다.

옛 도시들은 폐허로 변했고 새로운 도시들은 계획적으로 처녀지에 건설되었다. 동시에 새로운 요새지들을 하나의 중심지에 집중시키는 지역 네트워크를 만들었다. 앗수르 제국의 후반기 상황에서 이런 증거가 보여주는 정치적 의미는 분명하다. 다윗의 나라는 예전의 중심지들과 그곳에서 살다가 세력이 약해진 전통적인 지주 가문 및 그들의 파벌과 맞섰다. 사해 서쪽 연안의 여리고와 엔 게디 사이에 새로 건설한 요새지와 정착지를 발견한 스턴(Stern)은 그것을 다윗 왕실이 그 지역의 향료 생산을 통제하고 증대시켜 남부 아라비아와 지중해를 잇는 카라반 교역로의 향료 교역에서 새로운 중심지 역할을 하려는 조치로 해석한다.[4] 이것이 여리고가 여호수아서에서 전형적인 역할을 하는 이유였을 것이다. 교역용 사치품 생산과 대조적으로 대다수 농업은 신명기적 사고방식에 따르면 대부분의 새 정착지에서 일반적으로 생산되는 곡식, 포도주와 기름에 집중하고 있었다. 이것은 국가가 주도하는 교역을 위해 계획적으로 거두는 상품이 아니라 지역 소비를 위해 지역에서 생산하는 농작물이었다. 그것은 전통적인 대지주들보다는 대다수 농부들의 취약한 삶을 유지하는 데 쓰였다. 그리스의 솔론과 비교해보는 것은 여러모로 교훈적이다. 그는 아테네에서 기름을 제외하고 모든 농산물의 수출을 금지하였다. 앗수르는 이 지역 내에서 힘의 균형을 유지하기 위해 이와 같은 중앙화 정책을 상쇄할 대책이 필요했다. 앗수르 사람들은 한동안 유다와 같은 나라의 영토 확장을 막았을 것이다. 더구나 기존의 거대 지주들은 앗수르 세력과 연결하여 농작물 교역을 중

---

4 Ephraim Stern, "The Eastern Border of the Kingdom of Judah in Its Last Days," in *Scripture and Other Artifacts: Essays on the Bible and Archaeology in Honor of Philip J. King*, ed. Michael D. Coogan, J. Cheryl Exum, and Lawrence E. Stager (Louisville: Westminster John Knox, 1994): 399~409; Zvi Greenhut, "The City of Salt," *Biblical Archaeology Review* (July/August 1993): 33~43. 그러나 그린헛트는 이 증거를 이보다 백 년 빠른 웃시야 시대와 연결시킨다.

개했을 것이다.

요시야가 청소년으로서 다윗 왕가의 명목상 수장으로 존재하던 630년대까지만 해도 팔레스타인은 앗수르와 이집트 양대 강국의 지배를 받았다.[5] 바벨론은 세계 무대에 등장한 지 20여 년 만에 앗수르를 능가할 정도로 세력을 키워가는 중이었다. 627년경에 앗수르바니팔이 사망하면서 앗수르는 팔레스타인에서 역할이 감소되는 추세였다. 그래서 양대 제국은 므낫세보다 더욱 강력한 동맹이 필요했다. 바벨론에서 반란이 거듭 일어나는 와중에(626~23) 요시야에게는 기회가 왔으나 그의 개혁에 관한 증거에는 여전히 특별하게 반앗수르적이라고 볼 만한 것이 없다. 더구나 이집트의 프삼틱이 팔레스타인 전역에 걸쳐 앗수르를 대신하는 '제국(successor state)'이었으므로 이집트는 세력이 커져가는 바벨론에 맞서 팔레스타인에 므낫세 때보다 더욱 강력한 완충지대가 필요하다는 입장을 피력했을 것이다.[6] 또한 오랜 기간의 신왕국 시대(주전 15세기 중반부터 12세기 중반까지)에 수립된 이집트의 팔레스타인 통제 패턴은 해안과 계곡은 통제하고 고지대는 이집트를 대리할 토착민에게 맡겨두는 방식이었다.

그러므로 요시야는 앗수르와 이집트에게 승인을 받았으며 그가 통치권을 확장하는 일도 권장받고 지지를 얻었을 것이다. 그는 해변에서는 이집트를, 동쪽과 북쪽에서는 앗수르-이집트와 함께 동맹을 맺은 주변 국가들의 통치권을 존중해야 했다. 요시야가 앗수르의 사메리나(사마리아), 두루(두로), 마깃두(므깃도), 요단 강 저편의 갈라자 지방의 토착민 땅과 관할권을 취하는 조치는 허용되었을 것이다. 이곳들은 모두 한때 다윗의 통치를 받았었고 나중에는 다

---

5 Richard Nelson, "*Realpolitik*," 177~89; J. Maxwell Miller and John H. Hayes, *A History of Ancient Israel and Judah* (Philadelphia: Westminster Press, 1986): 365~401. 이 견해를 Marvin A. Sweeney, *King Josiah of Judah: The Lost Messiah of Israel* (New York: Oxford University Press, 2001), 217은 부정한다.

6 Nadav Na'aman, "The Kingdom of Judah Under Josiah," *Tel Aviv* 18 (1991): 3~71.

양한 범위로 이스라엘 왕의 통치를 받았던 곳이다.[7] 과거의 이스라엘 땅에 정착한 메소포타미아 사람들은 괴롭히지 않고 내버려두었다. 사르곤 2세 때 사메리나(사마리아)에 이주시킨 아랍 부족들은 기존 주민과 동화되었을 것이다. 요시야는 왕이 너무 많은 힘을 가져서는 안된다는 신명기 역사서의 규정(신 17:16~17; 삼상 8:11~17)을 충족하는 데 어려움이 없었을 것이다. 왜냐하면 그는 동맹제국을 적어도 힘의 균형을 맞추는 질서의 궁극적인 원천으로 삼고 의존할 수 있었기 때문이다. 신명기 역사는 아마 히스기야와 므낫세가 이미 그랬던 것처럼 요단을 동쪽 경계선으로 삼는다(신 3:17; 수 13:23; 19:22; 22:25; 23:4). 그 이유는 이 역사서의 가장 중요한 주제인 요시야의 수복 정책을 앗수르의 행정구획에 국한해서 전개해야 했기 때문일 것이다. 그래서 사마리아와 길르앗의 경우 요단강으로 제한하였다.[8]

이것이 작위적인 경계선이라는 것은 신명기와 여호수아서에 여러 차례 표시된 대로 전통적인 므낫세 지파의 영토를 반으로 나누는 사실을 보면 알 수 있다.[9] 요시야가 염두에 둔 남동쪽 한계선은 에그론의 영토까지이다. 에그론은 7세기 초에 올리브유 생산 중심지로 발전하여 앗수르와 이집트가 모두 손을 대지 않고 보호하려고 했던 곳이다. 요시야가 생각한 유다 지파와 단 지파의 영토경계에는 에그론이 포함되어 있지만(수 15:45; 19:43) 이것은 희망사항일 뿐 현실은 그렇지 못했다. 현실은 여호수아 13:2~3에 표현되어 있는데, 에

---

7 요시야가 수복한 북쪽 영토의 범위는 상당히 논쟁이 되고 있다. 다이아나 에델만은 당대의 상황에 관한 전제와 해석에 기초하여 현재까지 네 가지 견해—사메리나와 므깃도, 사메리나, 사메리나 남쪽 벧엘 부근, 그리고 이상을 모두 부정하는 견해—가 나왔다고 주장한다. D. Edelman, "The Manassite Genealogy in 1 Chronicles 7:14~19: Form and Source," *Catholic Biblical Quarterly* 53 (1991): 197.

8 Nelson, "*Realpolitik*," 185; Duane L. Christensen, "Zephaniah 2:4~15: A Theological Basis for Josiah's Program of Political Expansion," *Catholic Biblical Quarterly* 46 (1984): 669~82, 특히 678~81; Robert Althann, "Josiah," *Anchor Bible Dictionary*, III: 1015~18.

9 이 새로운 경계선은 겔 45~48장에서 이스라엘 땅을 이상적으로 제시할 때 계속해서 개념적 역할을 하며 동쪽 경계선으로 나타난다.

그론과 나머지 블레셋 지역은 '정복하지 않은' 땅으로 남아 있다. 신명기 역사서는 요시야가 수복한 이스라엘 지역을 포함하여 중앙에 집중시키려 한 관할권 범위를 '다윗의 것'이라고 암시하지만 사실은 이집트-앗수르에 속하였다.

이렇게 제국의 발전은 신명기적 개혁과 여호수아서에 반영된 내용을 이해하는 데 필요하다. 하지만 그것이 신명기 역사서가 대부분의 지면을 할애하여 말하려고 했던 것은 아니다. 역사가의 주요 관심사는 팔레스타인 내부의 정치에 있다. 그 안에서 역사가는 소속 당파의 계획을 펼치고 있다. 신명기 역사서 안에 묘사된 엘리트 파벌들은 서로 싸운다. 그것은 보통 채무면제 개혁을 추진하고 민족주의 입장에 서서 상대방을 공격하는 모습으로 묘사된다. 누가 요시야 개혁의 배후에 있는 파벌이 되었는가? 요시야는 중앙에서 지방권력자들을 상대로 공격을 가한다. 지방권력 집단이란 테이텀(Tatum)이 이 시기의 고고학적 연구에서 분권적(segmentary)이라고 부르는 집단이다. 우리는 방금 그들을 대지주라고 묘사했다. 다른 학자들은 '관료' '귀족' 혹은 '봉건영주'라고 부른다. 이들에 대한 공격은 히스기야가 시작했으나 산헤립의 침공으로 중단되었고, 므낫세가 자신의 통치 말년에 앗수르가 적극적으로 지원하는 분위기에서 다시 시작하였다. 그러나 예상과 달리 요시야가 지방권력 집단을 공격함으로써 혜택을 받은 자들은 분명히 중앙 제의를 장악한 제사장 가문, 다시 말해 솔로몬 성전의 사독 제사장 직무를 계승한 것으로 추정되는 후손들, 즉 소위 사독 제사장들만이 아니었다. 이 가문들은 요시야가 제압하려고 했던 대지주 계층에 속했다. 비록 개혁은 실패했지만 그것은 다윗 왕실의 성전 제의에 지속적으로 영향을 주었다. 후대의 발전사로 판단해보면 이 제사장 가문의 특권은 결코 완전히 폐지되지 않았지만, 요시야가 지방 제사장인 레위인들을 중앙 제의에 편입시켰을 때 그 특권이 현저히 희석된 것은 사실이다.

요시야의 당파적 프로그램을 가장 직접적으로 지지했던 파벌은 처음에는 에브라임의 실로 출신, 나중에는 베냐민의 아나돗 출신인 레위인 집단이었던 것으로 보인다. 이 파벌의 성격은 여호수아서가 이 에브라임 영웅을 열정적으로 설명하고 여호수아서 1~9장의 베냐민 전승과 땅 분배가 이루어지는 장소로 베냐민의 길갈과 에브라임의 실로에 특별히 관심을 쏟고 있는 모습을 설명해준다(수 14:6; 18:1). 아웃사이더였던 이 파벌은 일반적인 분권집단과 다르고 예루살렘에서 조상 대대로 제사장직을 물려받았던 사람들이 보여줄 만한 관심사와 다르게 특별한 분권집단이 가질 만한 관심사를 보여준다. 기존 제사장 집단은 그들의 교역과 채무 관행으로 인기가 없었고 궁정에서는 일관성 없는 충성심 때문에 신뢰를 잃었다. 후대의 본문에 의하면 조상이 아론으로 소급되는 기존 제사장 집단은 벧엘의 초기 제사장들과 깊은 연관이 있었을 것이다. 벧엘 제사장들도 아론의 후손이었을 것으로 추정된다. 그것은 여로보암이 만든, 벧엘에 세운 황금 송아지 상이 출애굽기 32장에서 아론이 만든 황금 송아지와 유사한 것을 보면 알 수 있다. 프리드만이 지적하듯이 요시야가 성전의 '아세라'와 이질적인 제단들을 '먼지'(NRSV '부스러기')로 만들어 무덤과 시냇물에 뿌릴 때 그는 그전에 신명기 역사에서 단 한 번, 사실은 성서 전체에서 단 한 번 묘사되었던 행위를 재현한 것이다. 다시 말해서 모세가 아론의 황금 송아지를 처리한 바로 그 행동을 실행에 옮긴 것이다(신 9:21; 왕하 23:6, 12; 참조. 출 32:20).[10]

신명기 역사서와 더불어 예레미야서를 보면 요시야를 지지한 신흥제사장 가문에 대해 어느 정도 알 수 있다. 개혁파의 중심에는 성전에서 모세의 토라 문서를 발견한 제사장 힐기야의 가문과 그 문서를 요시야에게 가져와 예레미야의 필경사 바룩의 아버지인 네리야와 함께 그에게 읽어주었던 서기관 사반의 가문이 있다.[11] 사무엘상 2:35에서 말한 '충실한 제사장'은 거의 언제나 사

10 Richard Elliott Friedman, *Who Wrote the Bible?* (New York: Summit Books, 1987): 113.

11 Friedman, *Who Wrote the Bible?* 120~126; J. Andrew Dearman, "My Servants the Scribes: Composition and Context in Jeremiah 36," *Journal of Biblical Literature* 109 (1990): 403~421; Patricia Dutcher-Walls, "The Social Location of the Deuteronomists: A Sociological Study of Factional Politics in Late Pre-Exilic Judah," *Journal for the Study of*

독 제사장으로 생각되어 왔다. 사독은 솔로몬 시대 이후로 예루살렘의 독보적인 제사장 가문의 조상이며 아론의 계보에 속한다. 그러나 이러한 사독의 중요성에도 불구하고 그는 솔로몬 통치의 실패에 연루된 존재였다. 그래서 그런 사실 외에는 사실상 신명기 역사는 그에게 아무런 관심도 기울이지 않는다. 따라서 야훼의 '내 마음과 내 뜻대로' 행하는 '충실한 제사장'은 적어도 요시야의 신명기 역사가의 마음에 다윗 왕가가 야훼 제의를 오염시키고 이스라엘에 대한 통치권을 상실하는 과정을 좌시한 사독 제사장보다는 비사독계열인 힐기야를 염두에 두었을 가능성이 더 크다[대상 5:29~34(『개역개정』, 6:3~8); 9:10~11과 비교하라].

예레미야는 이 파벌에 속했다. 프리드만은 다음과 같이 짧게 요약한다. "예레미야가 바벨론에 잡혀간 포로들에게 편지를 보냈을 때 **힐기야**의 아들 그마랴와 **사반**의 아들 엘라살이 그 편지를 전달했다. 예레미야가 요시야의 아들 여호야김을 쳐서 예언한 말을 기록했을 때 그것은 **사반**의 아들 그마랴의 방에서 낭독되었다. 사반의 아들 그마랴는 예레미야의 목숨이 위태로울 때 곁에 서 있었으며 예레미야가 돌에 맞을 때 그의 목숨을 구해주었다. **사반**의 아들인 아히감의 아들 그달랴는 느부갓네살에 의해 유다의 총독으로 임명되었을 때 예레미야를 보호하였다."[12] 예레미야서는 실로를 언급한 유일한 예언서이다. 실로는 "야훼가 자기 이름으로 일컫음을 받는 곳"(렘 7:12)이라는 신명기 역사가의 전형적인 구문으로 표현되어 있다. 예레미야는 예루살렘 북쪽의 아나돗 출신 제사장의 아들이었다(렘 1:1; 11:21~23; 32:6~15). 그는 어쩌면 다윗을 섬기다가 솔로몬에 의해 아나돗으로 추방된 실로의 엘리 가문에 속한 제사장

---

the Old Testament 52 (1991): 77~94.

12 Friedman, *Who Wrote the Bible?*, 125. 렘 29:1-3. 요시야 시대쯤으로 알려진 수백 명의 인명이 오스트라카, 인장과 인장의 인영에 남아 있으며 그중에 오직 소수만이 성서에 언급된 인물과 일치한다. 이런 이름 중에 대부분은 렘 36장과 관련되어 있다. 바룩, 스라야, 그마랴가 그런 이름들이다.

아비아달의 후손이었을 것이다. 게다가 예레미야의 예언서는 신명기 역사서와 사실상 똑같은 언어와 사상으로 작성되었다. 그의 아버지 이름도 힐기야였다.[13] 요시야 개혁에 등장한 제사장 힐기야와 예레미야의 아버지 힐기야는 보통 서로 다른 사람이라고 생각하지만 프리드만이 지적한 대로 동일인일 수도 있다. 어느 쪽이든 신명기 역사가—사반이라고 생각할 수도 있다—처럼 예레미야는 다윗 왕가의 배후에서 신탁을 준 사무엘과 다윗 왕가의 율법을 중개한 모세를 자신의 예언 활동의 선구자들로 지목하였다(렘 15:1).

이처럼 촌락에 기반을 두고 예루살렘에 전혀 영향력이 없는 이 소규모 분권 가문이 어떻게 요시야가 아직 어릴 때 다윗 왕가 안에서 권력을 잡을 수 있게 되었을까? 이것을 확실히 알 방법은 없지만(그리스에서 드라콘과 솔론이 어떻게 권력을 잡게 되었는지 알아낼 방도가 없는 것처럼), 앗수르 시대 후반에 다윗 왕가에 대해 알려진 것과 거의 말하고 있지 않는 것 그러나 신명기 역사서의 웅장한 스케일이 암시하는 것으로부터 추정해볼 가치는 있다. 이 역사서는 므낫세의 아들이요 계승자이며 요시야의 아버지인 아몬 왕의 신하들이 아몬 왕이 즉위한 지 겨우 2년 만에 그를 살해했다고 보도한다.(아몬이 왜 살해되었는지는 알려져 있지 않으나 그는 므낫세가 45세가 되어서 난 아들이므로 그에게는 솔로몬처럼 왕권의 합법적 계승자로 자처할 수 있는 형들이 있었을 것이다.) 혼란이 지속되는 가운데 세력이 강한 분권주의자들[히브리어 암 하아레츠는 이 문맥에서 '땅의 백성'(NRSV)(『개역개정』, '국민')을 의미함]과 그 일가가 개입하여 왕의 시해에 대해 복수하였다. 일시적으로 권력을 장악한 이 복수자들은 여덟 살짜리 요시야를 보좌에 앉히고 섭정을 한 것으로 추정된다. 이들이 오늘날의 말로 요시야를 조종하는 사람들이었을 것이다. 그들은 아직 어린 요시야의 통치권을 관리하면서 자신들의 이익을 추구했다. 그들이 선정한 파벌과 가문이 힐기야와 사반 및 그 가족이다. 바로 그들이 섭정이었을 것이다.

---

13 Baruch Halpern, "Shiloh," *Anchor Bible Dictionary* V, 1215.

이 파벌은 권력욕을 발전시켜 지역 갈등을 개의치 않고 자신들의 이익을 추구하면서 요시야가 나이를 먹어감에 따라 그를 권면하여 다윗 왕가 안에 여전히 지지기반을 얻으려고 애쓰는 반대 집단을 공격했다. 이 파벌이 사용한 수단이 압제받는 백성들의 지지를 이끌어낼 수 있는 대중영합적 개혁이었다. 요시야는 십대와 이십대가 되어 자신의 후원자들에 대한 의존 여부에 따라 국면을 전환시켰거나, 아니면 이스라엘을 수복하여 땅을 재분배할 계획을 세우고 과거에 이스라엘의 땅이었던 곳을 다시 차지하려는 그들의 원대한 꿈을 성취하도록 돕기 시작했다(힐기야란 이름은 '야훼가 내 땅의 분깃이다'라는 뜻이다). 이 파벌의 작업은 이집트와 앗수르에 의해 더욱 쉽게 이루어졌다. 그들은 양면적인 입장을 보이면서도 개혁의 추진을 허용했다.

이 파벌의 원래 지지자들로 여겨지는 사람들조차 요시야의 계획에 같은 마음으로 열정을 품었던 것은 아니다. 신명기 역사서는 중앙화를 반대하거나 거부하는 자들을 광범위하게 다룬다. 실제적이든 은유적이든 반대자들을 다루는 모습이 이 역사서의 대부분을 차지하고 있다. 신명기 역사서가 제공하는 대로 그 반대세력들을 이해하는 것이 여호수아서를 해석하는 데 매우 중요하다. 먼저 여러 부류의 '가나안 사람들'이 있다. 그들은 요시야의 수복과 여호수아가 주도한 토지 소유권 재분할 예고에 필수적인 역할을 한다. 그 다음으로 사사기에 '구원자' 혹은 '사사'로 언급된 유형의 지역 영웅들이 있다. 대표적 인물이 사울이다. 그 시절에는 합법적인 왕이 없어서 이스라엘 백성들은 신명기 역사서의 중앙화 규범과 어긋나게 '자기 눈에 좋을 대로' 행했다. 그 다음에 사울 왕가와 그 지지자들 가운데 일부와 다윗이 낳은 아들들 가운데 다윗을 반대하는 자들—아마 므낫세가 무시했던 왕자들과 같은 입장이었을 것이다—이 있다. 다음으로는 이스라엘의 왕조들(특히, 여로보암 1세와 아합)이 등장한다. 그들은 동맹일 때도 다윗 왕가의 주장과 예루살렘 제의를 거부한다. 이들은 모두 요시야 당시에 정복 계획과 정치적 지배력을 성공적으로 확립하기 위해서 반드시 척결해야만 하는 반대자들로 보인다. 실례로 그런 사람들은 벧엘의 히엘처럼 여리고 같은 전략적 요충지를 자신들의 이익을 위해 보강 공사하는 자들(수 6:26; 왕상 16:34), 앗수르 지방에서 벧엘의 규범을 추종하지만 예루살렘을 추종하지 않는 채 이스라엘 사람이라고 여기는 토착 지주들과 상인들, 지역의 민간용사, 유력자, 불법자들, 다윗 왕가를 직접 지지하지 않는 예언자들, 그리고 경쟁하는 엘리트 가문의 입장에서나 다윗 가문 안에서 이스라엘의 통치권을 정반대로 주장하는 자들 등등이다. 신명기 역사가는 그중에 요시야가 주장하는 통치권의 타당성과 합법성에 견줄 수 있는 사람이 아무도 없다고 선언한다.[14]

요시야와 그의 지지자들은 '인종' 말살정책을 추진하였다. 그것은 '가나안 족속,' 즉 팔레스타인의 유다와 북부에 거주하면서 앗수르와 이집트 제국의 비호 아래 상업에 관여하는 지주와 도시 엘리트와 그들의 가족, 남녀, 자녀 등의 거대한 반대 집단을 군주의 명령에 따라 살해하고 재산을 몰수해야 한다는 생각에 기초해 있다. '민족'으로서 '가나안 족속'이란 범주는 '이스라엘 사람'이란 범주처럼 사회가 만들어낸 표현일 뿐이고 불변하는 실체가 아니다. 성서 세계에는 우리가 이해하는 그런 민족 개념이 존재하지 않았다.[15] 인종, 민족적 정체성, 국가를 구별하는 모든 개념들과 그런 개념의 정의처럼 '가나안'과 '이스라엘' 같은 범주들은 자연적인 것이 아니라 문화적인 개념이었다. 모든 시대에 그런 구별은 성서가 창세기 서두에 묘사하는 것처럼 태고에 이미 고정된 질서

---

14 Richard D. Nelson, *The Double Redaction of the DtrH* (Sheffield: JSOT Press, 1981): 122.

15 Benedict Anderson, *Imagined Communities: Reflections on the Origin and Spread of Nationalism* (New York: Verso, 1983, 1991); Ernest Gellner, *Nations and Nationalism* (Ithaca: Cornell University Press, 1983); Eric J. Hobsbawm, *Nations and Nationalism since 1780* (New York: Cambridge University Press, 1990, 1993); Mario Liverani, "Nationality and Political Identity," *Anchor Bible Dictionary* IV: 1031~37; John Hutchinson and Anthony D. Smith, eds., *Nationalism* (New York: Oxford University Press, 1994).

로 전해지는 것이 아니다. 종종 주장하듯이 그것들이 영속적인 본질의 표현이라는 증거도 없다. 대신에 그런 개념들은 역사적 상황에 따라 변하고 발전한다. 어떤 것은 아주 최근에 경제적, 정치적 변화가 주도적 역할을 해서 생긴 것도 있다. 인종, 백성, 국가의 개념은 신구약 성서를 해석할 때 두드러지게 나타난다. 그것들을 아무 생각 없이 과거, 현재, 미래에 항상 변치 않는 상태로 존재한다고 간주하지 않는 것이 중요하다. 또 그런 개념들 배후에는 역사적 상황이 존재한다는 사실을 아는 것이 중요하다.

그런 사회적 집단의 문화적 표지는 시간이 지나면서 발전하고 변화하는 한편 고대 세계에서는 '가나안'이나 '이스라엘'과 같은 실체를 정의하는 일차적 요소들이 정치적이고 사법적이다. 이에 대해서는 관할권이란 말이 유일하게 가장 좋은 표현법일 것이다. 사회 전체는 관할권이 중첩되는 경우가 많고 또 아버지들, 가부장들, 족장들, 군주들처럼 남성들이 이끄는 위계질서가 다층적으로 형성되어 있다. 구약성서는 대부분이 다윗 왕조처럼 국가 수준의 관할권과 소유권을 합법화하기 위해 기록한 문서들이다. 국가는 통치자들의 소유였으며 그러한 소유권은 절대적이지 않았고 위로 제국이나 아래로 가부장적 구성원들까지 정치적 규모에 따라 자신의 특권이 침해당하지 않도록 그리고 경쟁자에게 권력을 빼앗기지 않도록 싸워서 지켜야 했다. 최선의 방어는 공격이기 때문에 경쟁하는 군주들은 항상 공격적이고 확대하는 입장을 취했다. 그런 군주의 신하와 백성의 정치적 신분은 항상 중첩되며 관할권이 바뀌는 패턴 속에서 어디에 소속되는가에 따라 달라진다. 요시야와 그가 생각하는 자기 백성과 원수들도 이것과 하나도 다르지 않다.

신명기 역사서가 다루는 요시야의 적수들은 여호수아서 3:10에 이름이 열거된 '수가 많고 힘이 센 족속' 일곱으로 표현되어 있다(참고. 신 7:1; 수 11:3; 사도행전 13:19). 신명기 역사가의 개념에 이들은 가나안 땅에 원래 거주하는 족속들이다. 그중에 특히 '가나안 족속'은 하나의 집단으로 기록되어 있다. 가나안은 지중해 동남부 해안과 배후지를 일컫는 용어로서 기원이 불확실하다. 현대의 학술적 문헌에서는 이 지역을 표현하기 위해 종종 '팔레스타인' 혹은 '이스라엘 땅'이란 용어를 사용하기도 한다. '가나안'이란 용어를 사용한 것은 이집트 제국이 팔레스타인에서 주인 행세를 하던 신왕국 시대와 그 이전으로 거슬러 올라간다. 이 용어는 '가나안 주민(즉, 엘리트 지주)'(출 15:15)이란 표현으로 나타나기도 하며 초기 이스라엘의 여인들이 불렀던 전쟁 노래에는 '가나안 왕들'(삿 5:19)이란 표현으로 나타나기도 한다. 이 말은 J 문서층에서 다윗의 통치를 받게 될 영토를 가리킨다. 초기 이스라엘 지파 전승에서는 가나안을 놓고 다윗과 신왕국 이후 이집트 왕이 대결한 싸움을 묘사하는 데 사용한 적도 있다. J 문서층은 가나안 땅을 신화적으로 '젖과 꿀이 흐르는 땅'으로 묘사한다. 그 말은 주로 함의 후손인 '가나안' 엘리트들이었던 도시거주자들(창 10:15~18)이 사는 곳을 가리키는 말로서 경작하지 않은 땅을 뜻한다(참고. 사 7:18~25). 성서의 몇 군데에서 '가나안 사람'은 상인 즉 '가나안 왕들'의 말단 관리를 가리키는 데 사용한다. 이런 본문 가운데 가장 흥미로운 곳은 스바냐 1:11이다. 거기서는 '가나안 백성'을 저주한다. 요시야 시대에 그의 궁정에서 기록했을 것으로 보이는 이 본문에서 '가나안 백성'은 '은을 거래하는 자들'과 평행한 위치에 나온다. 여기서 그들은 예루살렘에 거주하는 '가나안' 출신 상인들이다. 그들은 요시야가 가장 억압하려고 했던 대상이었다. 그러므로 만약 그런 의미가 이미 존재하던 것이 아니라면 신명기 역사가는 가나안이란 용어를 다윗 왕가의 초기역사에서 취해서 거기에 상인이란 의미를 덧붙인 것으로 보인다.

신명기 역사가는 자기만의 독자적 지식(이를테면, 원래 J 문서층이었을 것으로 생각되는 출애굽기 3:8은 여섯 '족속들'을 기록한다)이 없이 전통적인 자료를 사용하여 가나안 땅에 살았던 일곱 개 정도의 다양한 '족속' 즉 고대 엘리트들(가나안 족속, 아모리 족속, 헷 족속, 히위 족속, 여부스 족속, 기르가스 족속, 여부스 족속; 마소라 텍스트에서 이 집단을 일곱이란 숫자로 언급하는 곳은 오직 신명기 7:1; 여호수아 3:10; 24:11뿐이다)을 나열했다. 이 이름들 일부는 성서 밖의 역사 자료에 등장한다. 특히 아모리 족속이 그렇다. 이 족속 명칭은 이집트 사람들이 일반적으로 가나안을 지리적 명칭으로 부를 때 사용하는 셈어('서쪽 사람들'이란 뜻)이다. 이 말은 지중해안과 가나안 북쪽의 배후지와 '헷 족속'을 부를 때 사용하였다. 고대 가나안에는 언젠가 이 족속들이 전부 거주했을 수도 있다. 현대 역사가들이 이 '족속들' 가운데 적어도 소위 아모리 족속, 헷 족속, 히위 족속 등이 요시야 시대 이전에 주로 가나안 밖에서 살았음을 보여준다고 할지라도 다윗 왕조 초기로 소급되는 다윗 왕조의 서기관들처럼 요시야의 역사가는 이 모든 '족속'이 '이스라엘'과 다른 가나안 토착민이라고 믿었다는 것을 인식하는 것이 중요하다. 그러므로 그들은 모두 '가나안' 땅의 원래 엘리트라는 의미에서 모두 '가나안 족속들'이었다. J의 '족속들'의 계보에 따르면 그들은 모두 함의 자손들로서 이스라엘의 조상인 셈의 자손과 구별된다.

정리하면 신명기 역사가는 사울과 다윗 이전의 역사에 등장하는 '가나안'과 '가나안 사람들'을 이해할 때 요시야의 문서실에서 사용가능했던 두루마리들 외에 다른 것을 참고할 필요가 없었다. 그는 그저 다윗 왕가의 문서 전승을 따랐다. 이 전승과 일치하여 고대의 '가나안 땅'은 이스라엘 지파 연합이 차지할 운명의 영토였다. 그리고 이스라엘 지파 연합은 장차 다윗 가문이 다스리게 된다. 가나안의 '원주민' 혹은 원래 '왕들'은 쫓아내야 했다. 여호수아 12:9~24의 가나안의 31명의 왕(소규모 도시 영주들) 목록은 허구적이지만 다윗이 자신보다 먼저 존재했던 가나안을 '가나안 왕들'의 땅으로 생각한 모습과 정확히 일치한다. 그런 가나안 개념은 분명히 이스라엘 지파에 속한 사람들 사이에 존재했을 것이다. 이스라엘 지파사회는 다윗 시대보다 아주 오래전에 가나안의 작은 도시국가들에 맞서는 하나의 정치적 실체를 구성하였다. 그러나 그 시대에 존재했다는 사실이 여호수아서를 이해하는 데 큰 차이를 만들어내지 않는다. 여호수아서가 초기 이스라엘과 아무 상관이 없기 때문이다. '가나안'에서 다윗이 행사한 통치권의 맥락에서 '가나안 사람'이란 '이스라엘이 아닌 사람'을 의미했다. 그 말은 당시의 정치적 신분을 가상적으로 표현하며 '다윗 왕가의 통치에 복종하지 않는 자들'이란 뜻이었다.

요시야의 국토 수복 패턴을 따라 기록된 여호수아의 정복 이야기는 요시야 개혁을 나타낸다. 이는 모든 신하들의 복종을 강요하는 '위협적인 도구'로 사용된다.[16] 또한 역사가는 백성들에게 공포심을 심어주려고 한다. 특히 완고한 정치 지도자들을 요시야에게 복종시키려고 한다. 그래서 요시야의 왕권과 그가 다스리는 농민의 이해와 정면으로 배치되는 관심사를 가진 '가나안 족속'과 같은 자들에게 무슨 일이 벌어졌는지를 보여준다. 저자는 또 요시야를 순종하는 일이 인종적 정체성보다 더욱 중요하다는 사실을 강조한다. 그래서 가나안 족속들에게 라합이나 기브온 족속처럼 복종하면 구원받을 수 있음을 보여준다. 하지만 유다 지파의 아간처럼 이스라엘 사람이라도 총사령관에게 불순종하면 배척당하고 죽을 수도 있다. "정복 내러티브의 우선적인 목적은 아간과 같은 잠재적인 내부 경쟁자가 아주 쉽게 외부인과 같은 처단을 받을 수도 있다는 메시지를 보내는 일이다."[17]

여호수아서의 이야기가 일으키는, 국가가 조장하는 테러의 한 측면으로서의 발작적 폭력은 최근에 르완다를 비롯하여 이전의 유고슬라비아 공화국에서 벌어진 대규모 살상과 같은 모습을 지닌다. 르완다, 세르비아, 크로아티아의 엘리트 정치인들처럼 요시야의 역사가는 "전쟁과 민족주의 수사학을 사용함으로써 정부를 개편하고 이념적 소속감의 틀을 [재]창조하려는 중심적인 지도력에 자국민이 자발적으로 복종하도록 격려하고 또 위협하기도 한다. [그러한 목적으로] 폭력을 정당화하는 전쟁을 소재로 하는 문학은 보통 터무니없는 과장을 통해 '나와 너'를 분리시킨다. 우리와 그들은 적개심을 통하여 분리된

---

16 Lori L. Rowlett, "Inclusion, Exclusion and Marginality in the Book of Joshua," *Journal for the Study of the Old Testament* 55 (1992) 15~23; 또 Lori L. Rowlett, *Joshua and the Rhetoric of Violence: A 'New Historicist' Analysis* (Sheffield: Sheffield University Press, 1996)을 보라.

17 Rowlett, "Inclusion," 23.

다."[18] 역사를 돌이켜보건대 통치자들과 그 측근들이 권력을 잡거나 유지하기 위해 잠재적인 '인종적' 갈등을 테러를 통해 인종말살과 같은 대량학살 정책으로 만드는 일은 아주 손쉽다. "이것은 홉스의 이론을 완전히 뒤집어 놓는다. 정치 조직과 궁극적으로 국가는 개인의 폭력적 성향을 억제하는 것이 아니라 그것을 조장한다." 가장 최근에 요시야 개혁의 국토 수복 목적과 같은 사례로 벌어진 일이 바로 밀로셰비치 정부가 세르비아계를 통해 코소보 지역을 장악하려는 시도이다. 코소보는 중세 세르비아계 국가의 영토적, 종교적 중심부였고 19세기에 세르비아 민족 해방의 근거지였다. 세르비아의 코소보 장악은 1913년 유럽 열강이 런던조약으로 확정하였고 제1차 세계대전 이후 유고슬라비아를 탄생시켰다. 지역자결권이 고조되면서 유고슬라비아가 와해됨에 따라 세르비아는 코소보 사람들의 자치권을 폐지하고 인종적 적대감을 조장하여 즉각적인 인종청소를 유도함으로써 코소보의 분리에 필사적으로 반대했다. 이와 동시에 나토(NATO) 연합군은 세르비아의 코소보 사람들에 대한 핍박을 중재하면서 세르비아가 코소보를 다스리도록 만들어야 할 입장이었다. 마치 요시야의 경우에 이집트-앗수르 공동 관리자들이 이스라엘의 가나안 주민 박해를 완화시킨다는 명분으로 개입하는 것과 같다.[19] 훨씬 최근에는 현대 한국

---

18 Ibid. 또한 Danna Nolan Fewell, "Joshua," in *The Women's Bible Commentary*, 63~66; Peter Machinist, "Outsiders or Insiders: The Biblical View of Emergent Israel and Its Contexts," in *The Other in Jewish Thought and History: Constructions of Jewish Culture and Identity*, ed. L. J. Silberstein and R. I. Cohn (New York: New York University Press, 1994): 35~60; E. Theodore Mullen, *Narrative History and Ethnic Boundaries: The DtrH and the Creation of Isrealite National Identity* (Atlanta: Scholars Press, 1992). 그러나 테오도어 뮬렌은 신명기 역사서가 주로 포로기 저작물이란 입장이다.

19 Alex de Waal, "The Genocidal State: Hutu Extremism and the Origins of the 'Final Solution' in Rwanda," *The Times Literary Supplement*, July 1, 1994: 3~4. 요시야 개혁과 신명기개혁에 관하여 다음을 참고하라. Steven L. McKenzie, "DtrH," *Anchor Bible Dictionary* II: 160~68; Jeffries M. Hamilton, *Social Justice and Deuteronomy: The Case of Deuteronomy 15* (Atlanta: Scholars Press, 1992); Shigeyuki Nakasone, *Josiah's Passover: Sociology and the Liberating Bible* (Maryknoll: Orbis Books, 1993); Gary N. Knoppers,

의 선구로 여겨지는 고대의 고구려가 수백 년 동안 한반도 북부의 현 중국 영토로 상당히 뻗어 있었다는 인식이 다시 부활함에 따라 한국 사회 내에서 중국에 대한 반감이 증가하는 사례도 볼 수 있다. 오늘날 그 지역에는 이백만 명 이상의 한국인이 거주하고 있다.[20]

Two Nations Under God: The DtrH of Solomon and the Dual Monarchies. Vol. 1: *The Reign of Solomon and the Rise of Jeroboam* (Atlanta: Scholars Press, 1993), Vol. 2: *The Reign of Jeroboam, the Fall of Israel, and the Reign of Josiah* (Atlanta: Scholars Press, 1994); William G. Dever, "The Silence of the Text: An Archaeological Commentary on 2 Kings 23," in *Scripture and Other Artifacts: Essays on the Bible and Archaeology in Honor of Philip J. King*, ed. Michael D. Coogan, J. Cheryl Exum and Lawrence E. Stager (Louisville: Westminster John Knox, 1994); 143~68; Erik Eynikel, *The Reform of King Josiah and the Composition of the DtrH* (Leiden: E. J. Brill, 1995); Hieronymus Cruz, "Centralization of Cult by Josiah: A Biblical Perspective in Relation to Globalization," *Jeevadhara* 25 (1995): 65~71; William Schniedewind, "The Problem With Kings: Recent Study of the DtrH," *Religious Studies Review* 22 (1996): 22~27; Gary N. Knoppers and J. Gordon McConville, eds., *Reconsidering Israel and Judah: Recent Studies on the DtrH* (Winona Lake: Eisenbrauns, 2000).

20 James Brooke, "China Fears Once and Future Kingdom," *New York Times*, August 25, 2004, A3.

8

여호수아서의 역사적 상황으로서 히스기야의 개혁과 신명기 역사서의 구조

앞에서 주장한 대로 여호수아서와 나머지 신명기 역사서가 요시야가 개혁하는 중에 기록되었다는 가설은 이 역사서의 내용 전체를 상세하게 설명해주지 않는다. 신명기 역사가는 특정 자료들을 사용했고 그 자료들은 종종 시대별로 작성된 증거를 갖고 있다. 신명기 역사서는 최소한 두 개의 분명한 결말을 갖고 있다. 하나는 요시야 시대보다 빠른 히스기야 시대이고 다른 하나는 요시야보다 늦은 바벨론 포로시기이다. 이렇게 두 개의 다른 결말은 여호수아서가 요시야 시대 이전의 역사를 간직하고 있으며 요시야 이후에 수정되었음을 시사한다. 다윗 가문이 이스라엘을 통치할 권리가 있다고 주장하는 전체 신명기 역사서도 그렇다.

이 역사서의 히스기야 버전이 있을 것이라는 가정은 열왕기서를 분석한 결과에 기초하고 있다. 열왕기서는 공문서 자료와 편집 구문들을 사용하여 다윗과 솔로몬의 황금시대 이후를 기록하고 있다. 최종적인 신명기 역사서의 초기 버전으로 보이는 것은 히스기야로 끝난다. 이 초기 버전은 본문에 나타난 수

많은 형식적 특징을 검토하면 분명하게 드러난다. 그것은 히스기야 전후로 달라진다. 그래서 히스기야 통치를 분기점으로 삼고 있는 것이 틀림없다. 그런 특징으로 왕들의 매장 기사, 유다의 왕비 이름을 보도하는 즉위 문구, 왕들의 통치를 평가하는 데 사용하는 구문, 왕권찬탈 보도, 인용한 자료의 출처 소개, 그리고 각 시대의 기록 끝에 보충적인 정보를 제공하는 모습을 들 수 있다. 이를테면 히스기야를 제외하고 히스기야보다 앞선 시대의 역사에서는 모든 왕이 부친과 함께 다윗 성에 매장된다. 그런데 이런 언급은 히스기야나 그의 계승자들에게는 나타나지 않는다.[1]

열왕기서에 히스기야 버전이 있다면 여호수아서도 그럴까? 여호수아서에서 명백하게 신명기 역사적 자료로 보이는 내용은 기껏해야 전체의 십 퍼센트 정도 된다. 그렇다면 이 책의 나머지는 어디서 유래한 것일까? 어쩌면 요시야의 역사가가 여러 자료에서 끌어왔거나 여호수아서의 상당 부분을 처음 창안하여 현재 형태로 기록했을 것이다. 그래서 신명기 역사처럼 보이지 않는 경우도 있다. 그러나 히스기야는 앞선 요아스와 나중의 요시야처럼 개혁을 시도했기 때문에 여호수아서의 일부는 히스기야보다 앞선 때가 아니라 히스기야 시대에 현재 형태로 처음 작성했을 것이다. 물론 현재 형태의 여호수아서는 노골적으로 앗수르에 반대하지 않는다. 하지만 열왕기서에 남아 있는 일련의 버전들을 똑같이 분석해본다면 다윗 이전 시대의 역사에는 같은 원리를 적용할 수 없다. 이 단락의 역사를 가장 잘 다루는 방법은 요시야와 명백히 상관이 없는 편집의 흔적이나 자료나 관점이 나타나는 곳은 히스기야의 궁정에서 나왔다고 추정하는 것이다.

---

1 Baruch Halpern and David S. Vanderhooft, "The Editions of Kings in the 7th~6th Centuries B.C.E.," *Hebrew Union College Annual* 62 (1991): 179~244. 참고. William M. Schniedewind, "Jerusalem, the Late Judahite Monarchy, and the Composition of the Biblical Texts," in *Jerusalem in Bible and Archaeology: The First Temple Period*, ed. Andrew G. Vaughn and Ann E. Killebrew (Atlanta: SBL, 2003), 375~93, 특히, 388~90.

그렇다면 여호수아서의 어떤 내용이 히스기야 시대의 역사를 소개하고 있을까? 이미 언급했듯이 여호수아라는 이름의 영웅은 히스기야 시대에 다윗 가문이 이스라엘의 통치권자라는 주장을 전개하는 역사 속에 처음으로 소개되었다. 더불어 사무엘, 아히야, 엘리야와 엘리사 등등의 이야기와 더불어 다윗 왕조와 이스라엘 왕조가 일어났다가 몰락하는 내용의 '예언자적' 역사는 히스기야 시대에 다윗 가문이 이스라엘을 통치하는 역사의 기초로 처음 사용되었을 것이므로 여호수아서의 길갈, 여리고, 실로의 역할도 같은 시대에 작성되었을 것이다. 그러므로 이 장소들에 관한 내러티브도 일부는 이때 작성되었을 것이다. 솔로몬 이후에 이스라엘 왕국이 시작하면서 벧엘이 중요하게 된 정황을 보면 아이 전투는 이때 작성되었을 것이다. 그래서 히스기야가 요시야처럼 벧엘을 파괴할 의도가 있음을 보여준다. 히스기야 궁정에서 여호수아서에 기여한 내용은 다만 추측할 수 있을 뿐이다. 하지만 신명기 역사가가 사용한 자료와 신명기 역사 이전 자료로 구성된 본문을 다룰 때는 모두 이러한 가능성을 염두에 두고 읽을 필요가 있다.

히스기야 개혁의 특징은 요시야의 것과 유사하지만 상황은 아주 달랐다. 이스라엘을 완전히 멸망시킨 앗수르의 왕 사르곤(722~705)은 712년에 아스돗에서 일어난 반란을 진압하면서 시리아와 팔레스타인에 대한 앗수르의 장악력을 확고부동하게 만들었다. 705년에 사르곤이 죽고 산헤립(705~681)이 계승하자 정권교체기에 종종 벌어지는 것처럼 새로 즉위한 왕의 몇몇 봉신국가들도 반역의 기회로 삼았다. 반란의 주모자는 바벨론의 왕 므로닥발라단(참고. 왕하 20:12~19)이었다. 그는 히스기야를 포함하여 두로, 암몬, 모압, 에돔 등 서쪽 지역에 있는 여러 왕의 후원을 받을 수 있었다. 이집트도 지원해주기로 약속했다. 그래서 이것은 대규모 반란 양상을 띠었다. 히스기야는 앗수르와 싸우기로 마음먹었다. 그는 앗수르가 임명한 해안 지역의 통치자들을 폐위시키는 일을 후원하여 폐위된 에그론 왕을 감금하였다. 그는 반란군을 위해 가드를 차지하였으나 가자에서는 격퇴당했다. 그는 유다 산지의 성읍들을 몇 군데 선정해서 요새지로 만들고 그곳에 의도적으로 전쟁 물자를 비축해 두었다. 또 다가올 포위공격에 대비하여 예루살렘을 튼튼하게 요새화했고, 양쪽에서 암반을 뚫는 기술로 긴 수로를 완공하여 성벽 바깥의 물을 서둘러 성벽 안으로 끌어들였다.

히스기야의 개혁은 그가 표방한 반앗수르 정책의 핵심 사업이었다.[2] 이스라엘 땅을 점령한 앗수르 군대는 히스기야의 국내 정치에 개입하여 유다의 엘리트 지주들을 무너뜨리고 다윗 가문을 약화시킬 수 있는 위치에 있었다. 히스기야는 왕권을 회복하기 위해 다윗 성전을 수리하였고 지방 제의를 전면 금지하였다. 또 독립적인 족장, 산적, 예언자들을 단속하였으며 채무면제에 초점을 둔 개혁법을 반포하였다. 이 모든 일이 요시야가 등장하기 80년 전에 이루어졌다. 히스기야의 개혁은 역대기하 29~31장에 상세히 기술되어 있는데, 일부는 윤색되었고, 시기가 안 맞는 경우도 있다. 신명기 역사서에서는 그의 개혁을 겨우 몇 구절만 서술한다(왕하 18:3~4, 22). 요시야 개혁의 독특성을 감소시키지 않으려는 의도 때문이다. 이 시대에 히스기야는 자신의 통치권을 북쪽으로 확장하여 잃어버린 이스라엘 땅을 되찾으려고 시도한 것 같다. 이전에는 생각조차 못한 일이었다. 히스기야의 행정 개편 작업과 관계가 있는 왕실 인장이 북쪽에서 발견된 것은 이런 생각을 뒷받침해준다.

히스기야는 반란을 일으키기 바로 전에 태어난 아들의 이름을 므낫세라고 지었다. 분명 과거 이스라엘의 중심지역에 사는 주민들에게 호소하려는 의도였을 것이다. 므낫세라는 지파 명칭을 사용한 것은 또 히스기야가 중앙권력에 위협이 되지 않는 수준에서 지파의 정체성을 인정할 준비가 되어 있었다는 것을 보여준다. 이러한 히스기야의 대중 정책은 요시야의 신명기 역사서가 이스라엘 지파들을 긍정적으로 인식하는 선례가 되었을 것이다. 이것이 여호수아

---

2 Oded Borowski, "Hezekiah's Reform and the Revolt Against Assyria," *Biblical Archaeologist* 58 (1995): 148~55.

서의 본질적인 특징이다. 여호수아서는 국가와 백성의 이해관계를 여호수아라는 인물로 묘사된 군주가 '지파들'에게 토지를 분배하는 작업을 감독한다는 생각으로 이론적인 균형을 맞춘다. 역대기하 30장에 따르면 히스기야는 지파를 고집하는 사람들에게 예루살렘에서 유월절을 지키자고 설득했지만 부분적인 성공으로 그쳤다.

우리는 앞에서 다윗 가문의 통치역사에 에브라임 지파의 영웅 여호수아를 받아들인 사람이 바로 히스기야였다고 주장한 적이 있다. 그것은 북쪽 주민들에게 호소하려는 목적 때문이었다. 이 사소한 증거는 히스기야가 훗날 요시야가 일으킨 것과 같은 군사 행동을 일으켰는지를 명확히 가리키지 않는다. 그래서 그것은 여호수아의 정복기사가 히스기야 시대에는 어떤 모습으로 비쳐졌을지 막연히 추측하게 만들 뿐이다. 히스기야의 개혁이 전리품을 중앙 제의에 바치고(herem), 채무를 탕감해주고, 족장의 권한을 억제하는 것처럼 요시야의 여호수아서에 나타난 주요 정복 이야기에 등장하는 주제를 똑같이 강조하였을 것이라는 점은 의심할 이유가 없다. 히스기야가 베냐민 전승에 대하여 요시야와 동일한 관심을 갖고 있었는지는 명확하지 않지만, 그가 사무엘이 사울을 배척하고 다윗을 선택한 장소로 길갈을 설정한 것은 요시야와 같은 관심사를 가졌기 때문이라고 생각하는 것이 안전하다. 마지막으로 히스기야가 므낫세에 특별히 관심을 갖는 것은 여호수아 8:30~35와 24:1~28에 세겜 전승이 존재하는 이유를 설명하는 데 도움이 된다. 그 두 단락은 신명기 역사가가 여호수아서를 일차로 작성할 때 문학적인 우선권을 부여하지 않았던 곳이다.

앗수르는 히스기야의 이러한 준비 작업들을 묵과하지 않았다. 위에서 살펴본 대로 앗수르의 대규모 살상은 결국 히스기야를 보좌에 남겨두긴 했지만 궁정에서는 그와 그의 신하들이 상당한 재정적 손실을 보았고 도성 밖에서는 왕실의 통제력을 잃게 만들었다. 히스기야를 무찌른 앗수르는 다윗 왕가를 다시 장악하여 므낫세의 충성을 이끌어냈고 요시야가 다윗 시대에 다스렸던 이스라엘 땅을 되찾으려고 시도하게 만들었다.

제2부

관련 주제

1

이스라엘의 등장, 다시보기[1]

키스 화이틀럼은 학자이며, 저술가이며, 교수이며, 행정가이며, 운동선수이며, 가정적인 사람이다. 그를 동료이자 대화 파트너이며 친구로 알게 된 것은 영예롭고 기쁜 일이다. 교수 시절 초기에 나는 그와 공동으로 저서를 출간했다(Coote and Whitelam 1986, 1987). 그 후로 우리는 계속 왕래하고 서신을 나누면서 협력했다. 삼십 년 넘게 그는 나와 내 아내를 환대해주었고 우리도 그의 가족을 늘 존경하면서 깊은 우정을 나누었다. 키스와 나는 다년간 성서시대의 역사를 달리 해석해왔다. 그러나 기왕에 배운 지식에 의구심을 갖는 것이 적절하다는 시각은 공유했다. 그리고 그것을 장기적인 사회생활과 사회변동의 대략적 패턴에 따라 바라보는 관점을 갖고 분석하자는 데 의견을 같이했다. 이 입장은 점점 더 이 분야의 지배적인 연구경향으로 자리 잡아가고 있다. 그

1 Robert B. Coote, "The Emergence of Israel Again," in *History, Politics and the Bible from the Iron Age to the Media Age: Essays in Honour of Keith W. Whitelam*, eds. by Jim West and James Crossley (New York: Bloomsbury T&T Clark, 2017), 19~40. Bloomsbury T&T Clark 출판사의 사용 허락을 받고 게재함.

래서 나는 이 글을 통해 다른 학자들과 함께 선구자로서 키스의 사상 중 가장 오랫동안 인정받을 점이 무엇인지를 살펴보는 작업에 참여하게 되었다.

이블린 반 데르 스틴(Eveline van der Steen)은 우리의 공동저술이 장기간의 정착 사이클에 따라 이스라엘의 기원을 바라본 최초의 연구라고 평가했다(2004, 258). 그녀는 우리의 연구가 지파 제도를 무시하고 있다고 지적하였으나(2004, 263) 그때 그리고 그 이후로 대다수의 글에서 발견되는 결점에 대해서는 좌시해왔다. 그 결점이란 이스라엘의 등장을 팔레스타인 산지의 철기시대 1기의 정착지 확장과 동일시하는 것을 말한다.[2] 나는 우리의 공동저술이 출간되자마자 이러한 결점을 인식하였고 이어지는 연구에서 이런 사실들을 언급해왔다(Coote 1990, 2006, 2008, 2015). 나의 후속 연구가 우리의 공동저술이 피력한 견해와 항상 일치하는 것은 아니었다.(견해 일치에 관하여 Whitelam 2002, 394~403; 2013, 737~1100, 1681~1717의 여러 곳 참조). 키스와 나의 차이는 정치와 경제가 분리되는 경우에 내가 경제적 요인보다 정치적 요인을 더 강조한다는 데 있다.

우리의 공동저술에는 다음 두 가지 사항이 누락되어 있다. 초기 이스라엘은 지파사회(tribalism)였고 그것은 산지 정착 이전에 유래했다는 점이다. 이 점 때문에 나는 아직까지도 유행하는, 초기 이스라엘을 기술할 때의 몇 가지 가정이 잘못되었다고 생각한다. 나의 출발점은 메르넵타 비문에 언급된 지파 이스라엘(tribal Israel)—나는 그렇게 생각한다—과 늦어도 주전 10세기에 예루살렘에서 문서로 작성되었을 성서에 소개된 초기 이스라엘의 지파 개념은 서로 연결되어 있다는 것이다.[3] 많은 이들이 이 점을 다양한 시각으로 지적하듯이 이러한

---

2 정착지 확장에 관한 최근 연구의 요약 가운데 *Theologische Quartalschrift* 186, no. 2 (2006)에 실린 몇 편의 논문과 Walter Gross 외 몇 학자들(Gal, Gass, Kamlah, Lehmann and Niemann)이 편찬한 *Israels Stämme in der frühen Eisenzeit*가 포괄적이고 권위 있다. Gilboa 2014도 참고하라.

3 대다수 학자는 군주시대 이전의 유산이라고 생각하는 '드보라의 노래'를 일차적인 증거로

연관성을 의심할 마땅한 이유는 없다(Miller 2005, 1~2; Faust 2006, 163~65; Sparks 2007, 603; Hasel 2008, 54; Dever 2009; Stone 2014, 158). 이스라엘은 철기시대 1기 정착지 확대 이전에 지파 연합(tribal coalition)으로 시작했다.[4] 그렇다고 해서 철기시대 1기의 산지에 다른 유형의 사회가 만들어지고 존재했을 가능성을 부인하는 것은 아니다.[5] 이스라엘의 기원 문제는 이스라엘 연합(Israelite coalition)의 기원 문제로 시작한다. 그것이 형성된 시기는 철기시대 초기가 아니라 후기 청동기 시대였다. 또 그것을 생성시킨 요인은 정착지 확대나 철기시대 1기의 시스템 붕괴(Cline 2014)나 해양민족과의 접촉이나 기원전 12세기의 또 다른 독특한 현상이 아니었다.[6]

메르넵타 비문은 이스라엘을 '사람'을 표시하는 기호를 사용하여 언급한다. 이것은 이스라엘이란 집단이 기원전 13세기에 존재했다는 사실만을 가리키지 않는다. 그것은 이스라엘이 '도시' 세력이 아니라 산지든 다른 지역이든 혹은 두 곳 모두 포함하든 철기시대 1기에 산지 정착지가 확대되기 이전에 이미 상당한 세력을 지닌 지파 사회로 존재했음을 나타낸다(Hasel 1994, 1998, 194~203;

본다. 나는 다윗 시대에 작성된 J 문서가 똑같이 중요하고, 어쩌면 그것이 더 잘 설명한다고 생각한다.

4 나는 철기시대 1기의 산지에 정착한 지파들 사이에 이스라엘이라고 부르는 암픽티오니 협의체(지파동맹)나 계약 동맹 이론을 부활시키려는 뜻이 없음을 분명히 밝힌다. 이스라엘이란 실체에 관한 최초의 증거가 철기시대 1기의 정착지 확산 증거보다 시간적으로 먼저라는 점은 아직도 중요한 사항으로 고려되지 않고 있다. Fleming 2012, 241~43, 279~82와 같은 예외도 있다.

5 "많은 지파들이 국가의 확장에 대한 반응으로 생긴 것으로 볼 수 있지만...이차적 국가, 개방된 동맹 네트워크, 자치적인 촌락, 씨족 분파와 대가족, 전문화된 도적 집단들 등등처럼 또 다른 다양한 정치조직들을 지파 영역 안에서 [만날 수 있을 것이다.]"(Ferguson and Whitehead 1999b, 13).

6 최근 연구 가운데 기원과 정착 사이의 차이는 Faust 2006에서 가장 뚜렷하게 인식되고 있는 것 같다. 산지정착이 확대되는 데에 시스템 붕괴가 지니는 중요성은 과장될 수 있다. 정착지 확대는 팔레스타인에서의 이집트의 몰락으로 생긴 것이 아니었다. 이집트의 몰락은 50년에서 100년 동안 정착지 확대가 이루어지고 나서야 발생했다.

Morenz 2008, 8~11).[7] 그러므로 정착지는 세력을 만들어가는 중에 있다는 증거가 아니라 이미 하나의 세력을 이루었다는 증거이다. 모든 가능성을 감안할 때 이 세력은 지파 연합의 우두머리들이 대표하였다.[8] 대다수 지파 구성원들에게는 지역이 사회적 정체성의 가장 강력한 원천이기 때문에 광범위한 지파 정체성은 특별히 지파의 지도자들에 초점을 두는 경향이 있다. 바로 그 광범위한 지파 정체성은 전형적으로 '국가'의 힘과 상호작용하는 가운데 만들어졌으며 이스라엘이 팔레스타인에 있던 이집트 권력의 지배를 받지 않았다 할지라도 이집트와 모종의 관계를 가졌으며 이집트와 하티(Hatti)가 우호적으로 맺은 카데스 조약 이후에 하티에 대한 완충세력으로 등장했을 가능성을 암시한다. 그래서 초기 이스라엘의 인명 중 몇몇이 이집트식 이름을 지닌다는 사실은 놀라운 일이 아니다.[9] 이스라엘이 주축이 된 산지 정착은 모든 곳에서 동시에 이루어진 것이 아니었다. 하지만 정착의 폭이 13세기든 다른 시기든 방어 네트워크 역할을 하는 지파 연합의 폭을 나타낸다는 점에는 의심의 여지가 없다.[10] 이스라엘을 언급한 이집트 비문의 시행(詩行)구조에 관한 하젤(Hasel)의 연구에 따르면 후루(Hurru)는 가나안 및 이스라엘을 가리킨다. 다른 학자들이 언급하듯이 남편 이스라엘과 아내 후루를 나란히 배치하는 모습은 이스라엘

---

7 몇 가지 흥미로운 제안 중에 Morenz (2008, 9)는 그 비문이 메르넵타의 두 주요 적수로 동쪽의 이스라엘과 서쪽의 리비아를 설정하고 있으며 그것이 이 비문 거의 전부의 주제라고 주장한다.

8 Kitchen은 근동/중동 역사에 이처럼 '지파들로 구성된 연맹체'가 많았다고 지적한다(2003, 220~21). 더 광범위하게 비교해 보면 이 점이 확증될 것이다.

9 아시아의 이집트 정치 전술에 대하여, Müller 2011을 참조.

10 Finkelstein과 Faust의 주목받는 주장(그러나 단서를 보라. 2006, 1 n.1; 231)대로 철기시대 1기의 산지 정착이 외부와 접촉이 없는 유목민이 장기적으로 이루어지는 유목 주기의 정착단계에서 정착한 사람들이라는 생각은 현재까지 매력적이며 또 산지는 언제나 거주민이 살았고 동시에 정착의 변두리지대였다는 점에서 가치가 있다. Rosen 2009: 65를 보라. 따라서 목축생활은 팔레스타인 모든 지역에서 항상 시행해온 생활방식이었다. 목축이든 유목이든 이것들은 이스라엘의 기원을 다루는 사안에 결정적 요소가 아니었다.

이 지역이었다는 뜻은 아니더라도 이스라엘이 이집트 통치계층에 의해 상당한 크기의 영토를 부분적으로 통제하는 하나의 세력으로 간주되었고, 그 영토의 크기는 가변적이지만 가나안 내륙 지역과 대등하지는 않아도 그와 버금가며 단순히 이름을 언급한 네 성읍과 같은 또 하나의 고립된 세력이 아니었다는 것을 시사한다.[11] 그것은 내가 즐겨 부르는 것처럼 이렇게 포괄적인 자치구역(overarching dominion)이었기 때문에 이 점을 분명하게 짚어두는 것이 중요하다(Coote 2015). 그것은 아마도 훗날 이스라엘 군주 시대의 궁정에서 작성한 지파 이스라엘 전승 중에 가장 중요한 요소—실제로 그 전통을 이어가는 열쇠였다—가 되었을 것이다. 이 모든 것은 산지 정착이 확장되기 **전에** 이루어지고 있었다. 그리고 아이러니하게도 정착지는 이런 의미에서 이스라엘이 정착하기 이전의 정치적 기원에 관한 일차적 증거이다.

초기 이스라엘에 관한 해석은 무엇이든지 철기시대 1기의 팔레스타인에서 출토된 풍부한 고고학적 증거와 일치해야 한다. 이것은 두말할 필요가 없다. 하지만 이스라엘의 등장을 해석할 때 부족한 증거로 검증되지 않은 주장을 하는, 이른바 거짓 정밀성의 오류를 피하기는 어렵다. 너무나 적은 증거에 너무나 많은 것을 세우고 있는 것이다. 성서의 드문 증거로부터 아주 상세한 이야기를 창안해내는 일도 빈약한 고고학 증거를 갖고 비슷한 이야기를 창안하는 일을 부추기거나 가담해왔다. 설명의 범위와 규모는 증거에 비례해서 이루어져야 한다. 그런데 사회사와 정치사에 관한 증거는 크게 부족한 상태이다.[12]

초기 이스라엘의 지파 성격은 이스라엘 왕정사회가 주전 11세기와 10세기

---

11 내 생각에 Hjelm과 Thompson이 '후루가 과부가 되자 이집트는 자청하여 [후루의] 땅을 보호하였다'(2002, 15~17)고 지적한 것은 옳다. 그리고 이스라엘에게 그것을 보호하는 임무를 맡겼을 것이다.

12 Parkinson 2002는 이 사안을 새로운 수준으로 다루었다. Grabbe 2008는 초기 이스라엘에 관한 논의에 주도적 역할을 하는 학자들의 논문을 수록하고 있는데 모두 이 사안을 잘 알고 있다.

에 시작될 때 그리고 그 시대에 글을 기록할 때 직접적인 영향을 주었다. 그런 영향력 가운데 중요한 한 가지는 초기 왕정의 300년이 안되는 동안의 열한 개 왕조가 사실은 모두 취약했다는 사실이다. 예외라면 예후 왕조와 오므리 왕조 정도이다. 사울 왕조가 처음이라면—불확실하다—군주체제는 처음에 취약한 네 왕조로 시작했고 그중에 하나도 2대 이상을 계승하지 못했다. 그 계승자들은 보통 1~2년 밖에 통치하지 못했다. 다윗 가문도 진정한 예외는 아니었다. 분명히 그 첫 번째 후계자가 수 년 넘게 보좌를 유지했지만 결국 분열되어 동강났고 유다만을 통치하는 왕조로 전락했다. 이러한 취약성은 만성적으로 벌어지는 지파의 저항 탓이기도 하고 지파의 유력인물들이 이스라엘 통치권을 놓고 다툼을 벌인 결과이기도 하다. 그리고 그것은 상당한 분량의 초기 문헌을 작성하는 동기가 되어 성서문집에 포함되었다. 대부분의 내용은 왕정시대에 작성된 토라와 예언서에 기록되어 있다. 그러므로 그것은 산지에서 오랫동안 지파문화를 경험하며 살았던 주민을 이해하는 데 기여한다. 그러나 그러한 문헌의 주제와 강조점은 아무리 빠른 것일지라도 글 내용이 밝히는 시기가 아니라 글을 작성한 시기와 관련되어 있다.

그래서 고도로 일반화한 몇 가지 사항을 벗어나면 성서는 이스라엘의 기원과 상관이 없다.[13] 지파의 조상들과 그 가족들이 이집트 강제부역에서 탈출하였다는 성서 전승이 왕정시대 이전 민간전승과 이스라엘의 지파 이데올로기적 전략을 반영한다는 것은 의심의 여지가 없다. 그러나 그러한 전승들의 어투는 그보다 먼저 등장한 구전이나 문헌적 사례를 알 수 없게 만든다. 또 그것들이 정치적으로 어떤 효과를 일으키려고 했으며 얼마나 대표성을 지녔는지

---

13 Coote and Whitelam(1987)의 개정판에 쓴 서언은 우리가 그 책을 쓸 때 '히브리 성서를 역사적 재구성을 위해 사용하는 방식'에 관해 우호적으로 나누었던 '가장 어려운 토론'을 넌지시 비친다 (Whitelam 2010, viii). 이 문제에 대한 우리의 이견은 Whitelam 2013에 팔레스타인 역사에서 성서 역사를 생략한 그의 저작 상당 부분과 그때 이후 내가 삼십 년 동안 저술한 내용을 대조해본다면 잘 알 수 있다.

도 알 수 없다. 또 그런 전승이 역사적 사건을 정확하게 서술하고 있다고 생각할 이유도 없다. 동일한 것으로 보이는 에피소드를 놓고 J 판본과 E 판본이 서로 다른 것은 이것이 불가피했음을 보여주며 전통적인 내러티브가 아주 탄력적으로 활용되었을 수 있음을 보여준다. 정복에 관한 성서전승은 어떤 고대정보를 물려받았든지 그것은 이스라엘이 기원한 지 오백 년 후 사마리아가 패망한 뒤 앗수르에게 저항하려고 했던 히스기야 왕과 앗수르에 대한 저항이 없던 시기의 요시야 왕이 다스리던 다윗 가문이 이스라엘의 통치권을 되찾으려는 생각 때문에 지금의 모양으로 기록된 것이다. 사사기에 기록된 전승을 왕정시대 이전 시기—어떤 형태든 다수 학자들의 작업을 쉽게 상상할 수 있다—에 유래한 것으로 본다면, 그것은 정착기에 벌어진 일 즉 블레셋 족속과의 다툼, 군주가 되려고 지파의 지도자들이 다툰 일에 해당하며 정착 자체는 이스라엘의 기원에 대한 자세한 사항을 반영하고 있지 않다.[14]

여러 학자가 추정하듯이 여룹바알(기드온)의 아들인 아비멜렉이 왕이 되려는 시도를 거부한 사건은 당시에 왕정의 위험성을 인식하고 거부 또는 배척하는 지파 정서가 강하게 작용했음을 보여준다. 계승권을 주장하는 자가 72명이었음을 고려할 때 언제 왕조를 확립했는지는 모호하다. 그러나 아비멜렉은 모친의 혈족의 후원을 받아 한 명의 형제를 제외하고는 모두 살해하고 삼 년 동안 왕위를 이어갔다. 그것은 훗날 이스라엘 왕정시대의 왕위계승자들이 보여준 단명한 통치 시기와 조화된다. 요담의 연설은 내러티브의 수사법을 멜렉의 역할에 초점을 맞춘다. 멜렉의 의미는 지파 정서의 핵심을 가리킨다.[15] 지파

---

14 Stone(2014)은 성서에서 초기 이스라엘의 증거를 찾는 수많은 연구서 중에 아주 학식 있고 명민하며 창의적 사고를 보여주는 연구로서 언급할 만한 가치가 있다(예를 들어, Hess, Klingbeil, and Ray 2008). Stone은 이스라엘의 형태와 정체성에 대해서 주로 Faust의 주장을 따르는 것으로 보인다.

15 '아비멜렉은 이스라엘을 삼 년을 다스렸다'(삿 9:22). 이 문장의 동사는 *śrr*이다. 그것은 성서 히브리어에 드문 경우이고 확실치는 않지만 보통 *śar*에서 파생한 단어이다. 과거(Coote 1972)와 달리 지금 나는 '이스라엘'에 사용된 동사 śry를 śrr의 다른 형태로 본다.

정서를 묘사하는 일반적인 방법은 지파와 국가를 대립시키는 것이다. 그것은 지파와 국가가 항상 분리되는 만큼 서로를 필요로 한다는 것을 기억할 때 의미가 있다(이 주제는 아래에서 더 논의할 것이다). 최근의 성서연구는 국가를 '주요 도심지, 정치와 경제의 중앙화, 행정관료, 대형건축물 ... 광범위한 조직적 교역 ... 그리고 왕실 기록을 위한 서기관 제도'(Coote 2008, 140)를 가진 것으로 보는 입장을 크게 지지한다. 지금은 위와 같은 이스라엘 국가가 기원전 9세기에, 다윗 가문의 국가는 기원전 8세기가 되어서야 비로소 나타났다고 믿는 이들이 많다. 하지만 초기 이스라엘의 지파 정서가 반대하는 것은 정치 조직과 형태뿐만이 아니었다.

국가를 이런 식으로 정의하는 것은 지파와 왕정사회가 동일한 사회 형태 즉 가부장적 가족이나 가정처럼 두 개의 보편적인 제도와 같다는 사실을 쉽게 잊어버리게 만든다. 지파 체제가 반대하는 것은 왕정 체제였다. 그것은 지파의 사회구조와 똑같이 가족 제도를 확대시킨 제도와 다를 바 없었다. 왕정 체제는 요즘 성서학에서 정의하는 것처럼 규모를 갖춘 국가가 필요치 않다.[16] 왕은

그래서 그 단어는 'El이 다스리다'와 같은 의미를 지닌다. 이것은 장막이나 동굴에 사는 El이 '지파'를 다스린다는 특징을 뜻하는 것 같다. 사 9:5,6에서 *miśrâ* '통치'라는 말은 '전쟁 용사 엘, 전리품의 아버지, 정의로운 판결자,' 전쟁하는 족장, 신들 가운데 가장 으뜸 신으로서 전리품 분배를 감독하고 정의로운 보상에 대한 기대감을 충족시켜주는 존재이다. 지파의 신 El은 이사야의 *miśrâ* '통치' 개념과 어울리며 군주제의 불길한 장치들을 피할 다윗 가문의 후손 탄생을 조언한다.

16 그래서 유력인사에게는 큰 성읍이 필요치 않았다는 것을 깨달은 핑켈스타인은 소박한 중심지에 터를 둔 광범위한 '정치체제'의 사례를 인용하는 데 어려움이 없었다(2013, 80). 핑켈스타인의 수상 받은 저술(2013)에 대한 일부 학자들의 혹평은 불행한 일이다. 그 저술은 그것이 발생시키는 오류를 분별하지 못하고 있다. 그 저술의 명쾌하고 설득력 있는 시도는 오랫동안 뿌리내려온 지역의 패턴과 발전에 따라 정치국가 이스라엘의 역사를 바라보려는 방식을 실행하는 데 있어서 탁월하다(참고. 이를테면, 이전보다 훨씬 수용적 관점을 위해 Liverani 2005, 83~85와 가장 최근의 Stone[2014, 159]). 핑켈스타인이 다윗 왕조를 평가절하(무시하지 않음)하는 것은 앞뒤가 안 맞지만 전략적이며 그 저술의 범위 안에서는 잘못된 것이 아니다.

가족이 소유한 독특한 권리와 특권을 구체적으로 보여주었다. 그것은 군사력을 독점하고, 땅을 재분배하며, 사법적 규범과 절차를 인준하고, 전쟁 상대와 시기를 결정하며, 후계자에게 소유권을 물려주고, 이 모든 권한을 인준하는 제의를 거행하는 권한이다('종교'의 본질적 차원). 이러한 권리가 *mlk*가 가리키는 것이고 후계자를 세워 왕조를 만드는 일이 소유권 확인에 가장 중요한 위치를 차지하는 이유이기도 하다. 그리고 이것—국가란 거창한 제도와 권력을 중앙에 집중시키는 체제가 아니라 가족을 중심으로 모든 통치권을 물려주는 체제—이 진정으로 지파 가치에 어긋나며, 지파 제도의 존속을 위협하고, 지파의 위계질서가 갖고 있는 현실을 감안할 때 지파 정서를 평등주의처럼 **반(反)독점주의**로 특징짓는 것이 의미 있다고 말하는 이유이다.[17] 따라서 초기 이스라엘이 산지 정착을 확대하는 상황에서 주목할 점은 이백 년 이상이나 도성이 나타나지 않았다는 것—충분히 눈에 띄는 현상이기도 하지만—이 아니라 대다수 촌락들이 수 세대 동안 외벽, 즉 그들을 보호하는 정치적인 방어 장치가 없이 번창할 수 있었고 아울러 그런 생산적인 기반 위에서 어떤 지속력 있는 왕정 체제도 나타나지 않았다는 것이다. 이런 발전상은 평등주의 가치를 가진 인종적 정체성으로 점차 변모하면서 가능해진 것이 아니라 구성원들이 중요하게 여긴 사회적 정체성이 무엇이든 상관없이 처음부터 권력과 특권의 집중을 차단하는 지파—즉,

17 중앙화의 척도로 지파와 정반대편에 있는 왕정 체제의 관점에서 볼 때 통치권의 독점을 반대한다고 여겨지는 유사한 움직임은 비 '국가'적 주장들과 중앙 권력과 변두리 권력 사이에 끊임없이 벌어지는 갈등 가운데 유력인사들을 대적하는 위협들 속에 구체화되어 있었다. 이것이 신앗수르 제국 시대에 다윗 왕조의 영토 수복 계획을 반영하는 가나안 정복에 대한 신화적인 신명기 역사가의 기사가 멸망시킨 '왕들'의 목록(수 12:9-24)을 절정으로 표시한 이유이다. 그들은 '국가'를 대표하는 자들이 아니라 '*바로 그* 장소/성소'인 예루살렘의 왕이 멸망시키기로 작정한 지역의 자율적인 통치자들을 대표한다. 그래서 각 '왕' 다음에 이해하기 어려운 '한 명'('eḥad)이란 단어(익명의 서기관들이 주요 그리스어 사본에서 피상적인 내용으로 간주하여 삭제함)가 삽입되어 있고 각 왕은 단 하나의 중앙에 있는 '도시'/성소(māqôm, 참고. 신 12:2-14)에서 단 한 분의 신[신 6:4, '야훼는 한 분이다('eḥad)']을 섬기는 단일성소법에 위배된다.

반독점주의―질서와 가치 때문에 가능했다[지파 수준의 감독은 약삭빠른 여우가 강한 암탉의 둥지를 차지하듯이 결국 왕좌를 호시탐탐 노리는 자들의 계속되는 권력 투쟁을 통해 무너졌다. 그들은 대부분 불안정한 왕조들―'지파 국가(tribal states)'―을 지속했고 왕들은 왕정시대를 거쳐 그 이후에도 지파의 유산을 보호한다는 명분으로 글쓰기와 아울러 과대선전을 일삼았다[18]].

이스라엘의 기원에 관한 이상의 견해로 볼 때 지금 거론되는 견해들을 어떻게 말해야 할까? 이스라엘의 기원에 관하여 격조 높은 학식으로 접근하는 방식은 예나 지금이나 다양하다. 그럼에도 불구하고 현재는 과거와 같은 몇 개의 지배적인 모델이나 패러다임이 없고 어떤 불일치가 지속되든 개의치 않고 단지 하나의 모델(one such model)만 존재한다. 이 모델은 아마 잘못 세워진 가정에 기초를 두고 있는 기본 내러티브를 지지하는 것 같다. 그 지배적인 내러티브는 다음과 같이 진행된다. 가나안과 주변의 다양한 집단이 한두 가지 이유로 팔레스타인의 산간지역에 모습을 드러냈고 시간이 흐르자 이스라엘이라고 부르는 인종 집단으로 융합되어 독특한 문화를 고고학 자료로 남기고 특이하게도 획기적이며 탁월한 운명을 이어갔다.

여기서 이 연속적인 내러티브 흐름에 내재되어 있는 실재론(essentialism)을 무시한다면 이 내러티브에 깔려있는 그릇된 가정은 네 가지이다. 이스라엘의 기원은 독특했다. 위치는 주로 철기시대 1기의 산지였으며, 점차적이고 늦은 속도로 이루어졌다. 단 하나의 문화적 정체성을 구현한 새로운 인종(민족)을 만들었다.

나는 이 중 하나도 동의하지 않으며 사태가 이런 식으로 진행되었다고 생각하지도 않는다. 이와 반대로 이스라엘의 기원은 평범했고, 산지 외의 다른 곳

18 Liverani가 사회적 긴장과 정치적 갈등으로 불안정한 지파 군주제(tribal monarchies) 대신에 공동의 사회적 정체성에 기초를 둔 '인종적 국가(ethnic states)'를 도시국가(city state)와 대비되는 개념으로 인용도 거의 없이 '민족(national)'이라고 단정하여 부르는 입장(2005, 74-83)과 비교하라.

도 포함했으며, 재빨리 이루어졌고, 인종(민족)과는 아무 상관도 없었다.

이스라엘의 기원과 발달은 전형적인 일이며 독특한 사례가 아니고 비교역사의 관점에서 보면 평범한 사건들로 이해되어야 한다. 달리 말하자면 오캄(Occam)의 면도날(불필요한 복잡성을 피하고 가장 간결하게 생각하는 이론을 취해야 한다는 원리—옮긴이) 식으로 이해해야 한다. 이 접근은 유일무이하다거나 독특하다는 전제를 배제한다. 그것이 변증법의 명제이든, 헤르더(Herder)가 말한 대로 모든 민중 정신은 유일무이하다는 전제의 유산이든, 특수성의 자명한 이치이든 상관없다. 초기 이스라엘 연구는 꾸준히 비교를 지향했고 이상주의적 견해나 특수성 옹호론을 피하려고 했다. 그러나 이상주의적 견해나 특수성을 강조하는 사례는 예기치 못한 곳에서도 여전히 등장하고 있다. 수년 전 초기 이스라엘에 관하여 존경받는 데버(Dever)는 한 연구를 통해 지파의 반(反)국가적 이데올로기를 '토지 개혁에 초점을 둔 운동'의 증거로 해석한 적이 있다. "토지 개혁이 초기 이스라엘 운동의 추진력이었음이 틀림없다"(2003, 188). "초기 이스라엘이 정말로 새로운 사회를 향한 이상으로 추진된 강력한 개혁성향을 지닌 토지개혁운동이었다면 그것은 ... 독특하지 않을 것이다. 그런 지방의 혁명운동은 유토피아의 삶을 지향한 19세기의 저 유명한 아메리카인의 실험처럼 역사 속에 헤아릴 수 없이 많다"(2003, 189). 하지만 문제는 유토피아적 개혁운동의 전형성이 아니라 전형적인 중동 지파 네트워크나 지파 군주제가 그런 틀에서 벗어난 방식으로 기원했을 가능성이다. 그렇지 않다면 그런 유토피아 운동이 정부에 저항하는 지파의 정상적인 기초—제임스 스캇(James Scott)의 '무정부주의'(2009)—이며 고대 중동의 지파들이 연맹을 맺는 정상적인 이유라고 주장해야 하는가?

나는 다른 곳에서 농사짓는 지파 공동체의 전형으로 간주할 수 있는 내용을 일반화한 적이 있다(1990, 75~83; 2006; 참고. Tebes 2014). 이를테면 유동적인 지파 구조와 정체성, 탄력적인 혈연구조의 등급—'아버지의 집', '족속', '지파'처럼 보통 세 등급—과 같은 몇몇 속성들은 항상 고려되지 않고 일반적인 지식으로

만 이해한다. 하지만 지파 속성 대부분은 논의에서 무시되고 있다. 혈연 등급의 모호성은 직접적으로 친족기능의 경계선을 흐리게 만드는 일과 관련이 있다.(여기서 우리는 '지파'와 '왕정'의 가치가 충돌하는 가장 인상적인 성서적 사례를 만난다. 왕정 체제는 가인의 표시나 도피성과 같은 제도를 통해 '혈족' 수준의 구속자/복수자의 포기할 수 없는 의무인 피의 복수를 막는다. 도피성의 경우, 왕정 체제는 정의 구현을 원하는 누군가의 손길을 막아 폭력을 통제할 목적을 지닌 '개혁' 요소를 갖고 있다.) 영토가 있다는 것이 지파 조직의 본질은 아니었고 지파의 영토들도 지파의 정체성만큼이나 확정되지 않았다(그러므로 성서에서 '이스라엘'은 좀처럼 영토를 언급하지 않으며 그 대신에 실제든 가상이든 사람이나 혈연 집단 그래서 그 집단이 정착한 땅으로 언급한다). 지파 조직과 정체성은 조직의 레벨이 높아질수록 더 뚜렷하게 정의되는 경향이 있다. 그런 사회적 경계를 구별할 때 정치가 작동하기 때문이다. 이처럼 지파의 정체성은 대다수 사람들이 중요하게 여기는 지역 정체성이 아니었다. 특히 '군사-정치'적 이유로 등장한 지파 연합의 경우에는 실제로 상류층 사람들이 서로의 정체성을 더욱 뚜렷하게 구분하였다(Coote 2006, 43. 이 전제는 Khazanov를 인용한 것이다. 참고. Dijkstra and Fisher 2014). (그러므로 메르넵타 비문이 '이스라엘'을 언급한 것은 이스라엘의 족장들을 가리킨다. 이것은 곧장 다음의 일반화로 이끈다.) 지파가 조직이 되는 것은 다른 지파와 맺은 관계 때문만이 아니라, 지파와 궁정이 협력하거나 공모하면서 지역 세력, 왕정 체제, 그리고 '국가'와 맺은 관계 때문이다.[19] 이런 일반화 논리가 이스라엘의 기원을 이해하는 데 특별히 중요하다. 지파 체제는 인종과 같은 것이 아니었다. "이스라엘은 지파 명칭으로 알려진 다음에 '인종' 명칭이 되었

19 참고. Van der Steen 2006. 중기 청동기 시대 마리에서 출토된 풍부한 문헌을 보면 멀리 떨어진 팔레스타인 상황과 연계하여 이런 모습을 깊이 탐구할 수 있고 충분히 깨달을 수 있다. Fleming 2012, 180~85, 202~19. 이스라엘과 비교되는 아람 지파들이 오랫동안 '도시' 세력에 관심을 갖게 된 모습도 비슷한 성과를 보여준다; 참고. Fleming 2012, 220~35; Berlejung and Streck 2013.

다. '이스라엘'은 처음에 문화적으로 식별가능한 사람들에게 붙여주는 인종 명칭이 아니라 다양한 후손을 가진 어느 조상의 이름으로 중요했다. 그것은 문화적 경계선과 독특성 그리고 사회적 일치성을 '인종'이라고 오인한 것이다"(Coote 2006, 45). 정치는 지파를 먼저 계보로 설명한 다음에 계보로 정치를 한다. 그리고 이제는 거의 상기시킬 필요가 없을 정도로, 사회 발전에 관한 진화론적 견해는 일반적인 타당성에도 불구하고 이스라엘의 기원에 적용되지 않는다.

종합해 볼 때 이러한 일반화 논리는 이집트 정권과 팔레스타인 지파 세력들의 계속된 상호관계가 이집트와 히타이트의 접경지대인 팔레스타인의 내륙 산지에 이집트가 전진할 때 강력한 지파 연합을 형성하게 만든 모체였음을 가리킨다. 하지만 이 상호관계는 언제, 어디서, 왜, 얼마동안 일어났는지 등등을 포함하여 소상하게 알려진 것이 하나도 없다. 나는 다만 이스라엘의 기원은 그런 정보에 대한 이해가 없이 정의될 수 있다고 생각하지 않는다.

이스라엘의 기원을 논할 때 눈에 띄는 영역은 팔레스타인 산지를 훌쩍 뛰어넘는다. 확실히 최근의 연구 경향을 보면 상황을 폭넓게 보려고 노력한다. 그런데 항상 후기 청동기 시대/철기시대 1기에 벌어진 위기에 초점을 맞추면서 지중해 동부지역 전체에 나타난 '새로운 세계'(Whitelam 2013, 609, 663~717의 여러 곳)를 설명하는데 사실 이스라엘의 기원이 아니라 산지 정착지를 설명한다. 이것은 위에서 지적한 대로 인종의 기원을 설명할 때 문제를 안고 있는 논리적 순서이다.[20] 이런 태도는 너무 폭넓기도 하며 너무 협소하기도 하다.[21] 지파가 형성된 지형은 내륙은 물론이고 접경지대도 포함한다. 이스라엘의 기원이 지역적인 현상이라면 그 지역은 이스라엘이 등장할 때 가장 중요한 접경지대를 포함해야 한다. 이집트와 하티의 접경지대와 팔레스타인 산지와 접경

20 최근에 이 문제를 다룬 사례는 Stone 2014, 138~41이다.

21 간격 범위에 관해, Routledge (2008, 144~46)의 서론적 해설을 보라.

지대는 아마 동일했을 것이고 그것은 동전의 양면과 같다. 그곳에서 이스라엘이 지파로 형성된 것은 그 지역을 장악하던 세력 혹은 제국, 즉 이집트와의 관계 속에서 이루어졌다.[22] '지파들과 국가 형성'에 관한 다수의 연구들은 '국가들과 지파 형성'에 관한 연구들로 보완된다. 국가가 사람들을 변두리로 내쫓아서 지파들이 발전하게 되었다는 생각은 모튼 프리드(1968, 1975)까지 소급된다. 퍼거슨과 화이트헤드(Ferguson and Whitehead 1999b)가 묘사한 대로 그는 지파들의 존재에 대해 회의적이었다. 이 생각은 이스라엘이 기원할 때 산지에서 일어난 반란 모델의 기본 전제로 간주되었고 대체적으로 맞는 논리였다. 쿠트와 화이틀럼(Coote and Whitelam 1986, 1987)을 포함하여 다수의 학자들은 이와 다르게 생각하고 국가가 산지 정착을 유도했다기보다 '국가' 기능이 쇠퇴했거나 없었기 때문으로 해석했다. 그러나 이런 견해는 산지 정착을 설명하는 것이지 이스라엘의 기원을 설명하는 것이 아니다. 종종 언급되듯이 국가는 백성들을 변두리 지역과 내륙으로 몰아낼 뿐만 아니라 통제하고 지원하거나 관리하여 '지파들을 만들고' 그렇게 해서 지파의 지도력을 인준하고 지파 구조와 정치를 정의하는 데 도움을 준다. 지리적 상황에 관해 가장 개연성 있는 시나리오는 이스라엘이 13세기 후반에 이집트의 변방 대리인(a frontier proxy)이 된 팔레스타인의 주요 지파들이었다는 것이다.[23] 이것은 카데스 전쟁 이전이 아니라 이후에 이루어진 조치였을 것이다(Coote 1990, 83~93).[24] 그런 지파 이스

---

22 이 관점은 Hasel 1998을 포함하여 그 지역 전체에 이집트의 지배력이 미친 영향을 보여준 연구들과 Routledge (2004)의 사례처럼 팔레스타인의 넓은 지역 안에서 상이하게 정착하는 체제를 탐구한 연구들과 일치한다.

23 1세기 전에 사용된 아마르나 서신에 등장하는 *'apiru* '불법자'의 형태—명칭은 아니다—와의 유비는 시사성이 있다. 참고. Liverani 2005, 41~42 (그러나 68쪽과 대조된다). 2세기 후의 블레셋의 아기스와 *'apiru* 같은 다윗의 이야기는 서술하는 모양새가 비교된다.

24 성서에서 이스라엘과 야훼가 남쪽에서 온다고 묘사하는 것은 이스라엘의 기원과 무관하다. 이스라엘의 출애굽 전승과 같은 지배적인 전승에 영향을 받은 이데올로기는 기원에 관한 신뢰할만한 역사 자료가 아니다. 다양한 성서 전승이 남부 요단, 북부 시리아 그리고 남부 메소포타미아를 말하는 그 기원에 관해서 그렇다. 성서에 뿌리 깊은 반이집트 전승이

라엘이 형성된 장소는 꼭 집어서 말할 필요는 없고 팔레스타인 중앙산지일 필요도 없다. 하지만 나중에는 그곳으로 확장했을 것이다.

이 시나리오의 자연발생적 상황은 좀 더 깊은 탐구가 필요하다. 그러나 비교적 최근에 이루어진 두 개의 연구가 먼 길을 돌아 이것을 이해하는 틀을 밝혀 주었다. 퍼거슨과 화이트헤드(1999a)가 편찬하고 모아놓은 논문들은 지파와 국가의 상호작용에 관한 최신 해설들이다. 특히 2쇄를 찍으면서 덧붙인 서문은 이 문제를 잘 설명해주고 있다. 거기서는 민족지학과 민족 역사학의 탐구전략을 위해 지파가 거주하는 영역에서 벌어지는 전쟁이 가지는 함의를 논의한다. 편집자들이 '제국의 요동치는 변방(violent edge of empire)'에 관해 쓴 권두 논문은 초기 이스라엘 연구에서 오랫동안 풀지 못한 수수께끼를 풀 단서를 제공해준다. 그것은 철기시대 1기 초반의 지중해 동부의 위기를 전제하더라도, 팔레스타인의 아마르나 시대와 신왕국 시대 말기 사이의 팔레스타인 산지와 국경지대에 대해 알고 있는 연속성을 어떻게 생각할지 그 방법을 깨우쳐준다(참고. 그와 같은 연속성에 관하여 Whitelam 2013을 다시 보라). 이 시기에 전 지역은 '지파들'에 관한 문서증거가 없음에도 불구하고 '지파 지대(tribal zone)'로 간주되어야 한다. 두 번째로 피엘 클라스트르(Pierre Clastres)의 연구와 자신의 이전 연구를 확장시킨 제임스 스캇(James Scott)은 동남아시아의 저지대 강가에 세워진 국가들과 국가의 약탈적인 농작물 과세, 노동 과세(강제부역)와 징집, 그리고 유행병에서 벗어난 고지대 피난민들을 대조시킨다(2009). 특별히 흥미로운 것은 고지대로 도망한 사람들보다는 인종이 만들어지는 과정을 다루는 그의 입장이다. 그것은 지파를 형성하는 데 국가가 일조했다고 보는 최근 학계의 주장을 요약한 이 책의 주제에서 좀 벗어난다. 스캇은 지파들이 '독

이집트 통치자와 행정관들과 협력하는 상황을 포함한 기원을 배제한다는 생각은 정치 이데올로기의 작동원리를 무시하는 것이다.(카데스 전쟁은 기원전 1276년에 이집트 람세스 2세와 히타이트 하투실리 3세가 벌인 주도권 싸움으로서 몇 년 후 평화조약을 맺고 끝났다. 이때 양국의 경계선은 레바논의 베카 계곡을 중심으로 이루어졌다.—옮긴이)

특하며 구속력을 가진 온전한 사회 단위로서' 존재한 적이 없다고 설명한다. 지파 연합에 대해서도 똑같이 설명할 수 있다. 지파들은 '국가나 제국이 존재하는 상황에서만...만들어지는' 이차적인 사회형태이다. 국가들은 변방에 지파들을 만든다(2009, 256~65).

이스라엘의 기원은 산간지대에 모습을 갖추게 된 인종 집단이라기보다는 이집트의 영향을 받아 지파 연합 형태로 존재했다. 그것은 점진적으로 천천히 이루어질 필요가 없다. 아마도 그렇지 않았을 것이다. 이런 종류의 연합은 긴 잠복기가 필요치 않으며 그런 준비과정이 있어야 유리한 것도 아니었다.

쿠트와 화이틀럼(1986, 1987)은 잠복기에 있는 사람들에게 초점을 맞추어 생각하는 오류를 범했다. 특히 아이러니하게도 우리가 산지 정착의 핵심적인 특징을 '작은 구역 사이, 집단 사이, 지파 사이에 생긴 갈등'이 '생계영농을 위한 산지 개척의 정치적 조건'이라고 짧게 다룬 곳에서 이와 같은 오류를 범했다(1987, 131). 이스라엘이 점진적으로 기원했다는 생각은 학문이 높은 해석자들 사이에서조차 논의의 출발점이 되는 내러티브이다. 예컨대 핑켈스타인은 이스라엘이 된 사람들이 산지에 쭉 거주해왔었다고 생각하고 "[이백 년 동안 지속된] 정착의 파동이 초기 이스라엘을 생성시켰다고 제시한다"(2013, 22, 자신의 초기 1988년 글과 Faust 2006을 인용함). 논의의 출발점이 되는 내러티브에서 이스라엘의 발전이 긴 과정을 겪었다는 전제는 형성 초기의 증거 부족에 맞추려고 '원(原)이스라엘(proto-Israel)'이란 매혹적인 문구를 사용하게 만든 이유이기도 하다.

인종(ethnicity)은 이스라엘의 기원을 말할 때 항상 따라다니는 명제이다. 모든 설명은 그것을 중심으로 전개된다. 기본적인 질문은 '이스라엘'이 무슨 뜻인가 하는 것이다. 아주 최근에 바인가르트(2014)가 이것을 언급한 적이 있다. '사회', '백성', 혹은 '집단'과 같은 말을 사용할 때 그것은 정확히 어떤 종류의 구속력을 지닌 사회적 실체를 가리키는가? 문제는 이스라엘의 기원은 반드시 어떤 주민(a populace)의 기원에 관한 것이어야 한다는 기본 가정에서 생긴다.

그 때문에 이스라엘 사람과 가나안 사람처럼 하나의 '땅'에 두 '백성'이 서로 구별되게 존재하는 것처럼 정의하는 실체 없는 이분법을 초기 이스라엘 시기에 오랫동안 적용하여 왔다. 그러나 만일 이스라엘의 기원이 어떤 백성은 고사하고 어떤 주민들의 기원이라기보다 지파의 우두머리들이 결정한 정치적 협정이라면 그러한 조치에 포함된 주민은 자신들을 어떤 의미에서 문화적 경계를 지닌 존재로 생각할지부터 시작해서 그것의 성격을 추정하기가 불가능하다. 그리고 고고학적 기록에 인종 표식이 불확실하다면 정치적 협정은 훨씬 불확실할 것이다. 어느 주민에게 의미 있는 수많은 상이한 정체성 요소들 앞에서 인종의 모호성은 적어도 이스라엘 왕정 체제가 끝나는 지점까지 적용된다. 인종은 보통 언어(Schniedewind 2013은 히브리어를 정의하는 문제를 이해한다), 종교, 관습, 어떤 백성과 같은 것에 뿌리를 두고 있는 구별된 문화적 정체성을 말한다. 그러나 '지파의' 정체성은 이 전제와 모순된다. 내가 생각한 이스라엘은 보다 넓은 지역에 존재하던 집단(regional entity)이었고 지역보다 지방 색깔(local identity)을 더 중시하였다. 전체적인 지파 정체성은 지역으로 내려가면 엷어진다는 일반론은 지나치게 강조하면 안된다. 그럴 경우 우리는 고고학적 기록이나 성서 기록에서 베냐민 문화, 에브라임 문화, 스블론 문화라고 부를 수 있는 문화를 찾기를 기대하는가? 그렇다면 불확실함 때문에 골머리를 앓아온 고고학적 키메라(괴물)인 이스라엘 문화는 왜 찾는가?[25]

'이스라엘의 자손'을 어느 경우에나 인종 집단으로 생각하는 논의는 특별한 시기에 한정해서 이루어져야 한다. 그리고 그것은 전부는 아니더라도 대부분의 시기에 문제가 있을 것이다. 그래서 파우스트(Faust)의 '이스라엘의 인종적 기원'(2006)에 관한 통찰력 있는 논의가 마음을 끄는 것은 그가 채택한 인종 이론이 초기 이스라엘에 관해 생성기의 사회적 성격과 발전기의 사회적 성격을

25 인종의 범주는 15년 전에 이런 용어들로 예리하게 비판을 받은 적이 있다(Noll 2001, 140~46). 보다 최근에 칭찬받아 마땅한 논의를 위해 Fleming 2012, 240~41, 246~55 참고.

구별하기 때문이다. 이스라엘의 기원—12세기는 실제로 최초의 기원이 아니라 기원 직후이다—을 그는 '토테미즘'으로 본다. 토테미즘은 집단들의 처지가 어느 정도 비슷할 때—'대칭'일 때—연합하든 않든 관계를 맺게 될 때 나타나는 사회적 정체성 유형을 가리킨다. 12세기 후반과 특히 11세기의 이스라엘 발전상을 그는 인종이라고 묘사한다. 인종은 구조상 예속 집단(이 경우 블레셋이 다스리는 집단)이 비대칭적으로 하나의 정치 경제(팔레스타인)에 통합될 때 형성되는 정체성 유형을 말한다. 이 유형들이 연속적으로 존재한다는 것을 전제로 파우스트는 이스라엘의 등장을 세 단계로 본다. 처음 등장할 때는 인종적 측면, 정착지가 12세기 초반의 위기 때문에 고립된 산지로 확장될 때(참고. 2006, 168~69)는 토템적 측면, 그리고 다시 이스라엘이 블레셋이 장악한 팔레스타인에서 더욱 발전할 때는 인종적 측면으로 등장했다는 것이다.

파우스트의 유명한 저술 내용—초기 이스라엘이 전형적으로 반왕정 성향 혹은 산지 지형의 생산성 향상을 위해 발생한 산발적인 '토템'적 규범을 개발해서('인종의 자원', 2006, 152~55) 블레셋 사람들과 구별되게끔 소박하고 단순한 토기 사용, 할례, 돼지고기 식용 금지처럼 블레셋 관습과 대조되거나 반대되는 특징을 가진 이스라엘 사람들만의 인종적 정체성을 갖게 되었다는 논의—에 대해서는 할 말이 많다.[26] 파우스트는 초기 이스라엘의 평등주의 사상을 내세우는 데 주도적인 해석자이다. 하지만 그가 지적한 대로 이러한 인종 사상의 성숙은 선재하는 토테미즘의 일부일 뿐 아니라 이스라엘의 기원과는 별개의 문제이다. 이스라엘의 기원과 나중에 식별 가능해진 인종적 정체성은 '서로 다른 질문들'에 속하며 그것

---

26 초기 이스라엘 발굴지에 돼지 뼈가 거의 없다는 사실은 인종적 의미를 지닌다는 주장에 관해서 파우스트는 히스와 와프니쉬(Hess and Wapnish)의 권위 있는 주장을 깎아내리면서 합의를 종용하는 증거에 '내몰려' 망설이는 핑켈스타인을 앞세워(2006, 36) '합의에 가까운' 입장을 선호한다(2006, 35~40). 그러나 의견의 불일치도 계속 존재한다. 포(Pfoh)는 명확히 의구심을 표명했고(2009, 165) 핑켈스타인은 입장을 바꾸었다. '수년 전 [돼지 뼈 결여]는 이스라엘 사람의 정체성 표시로 해석되었는데 최근의 동물고고학 연구는 상황이 좀 더 복잡하다는 것을 보여주었다'(2013, 55).

을 분석할 때 나중의 것을 제외시키지 않고 함께 논의하는 것은 질문을 '해소하기보다 더 많은 혼란을 일으킬 수 있다'(2006, 186). 하지만 인종을 이스라엘 산지의 발전상으로 충분히 해설한 다음에 기원과 발전상황 이슈를 분리했는데 이 세 가지 중에서 첫 번째 단계인 원래의 기원에 대해서 파우스트는 무엇을 말해야 했을까? 그는 관행대로 메르넵타 비문에 기록된 이스라엘이 하나의 사회적 집단으로서 산지에 거주하거나 곧 산지에 거주하게 될 사람들이며, 이집트와 정면으로 맞섰고 나중에는 블레셋 사람들과 맞서 이스라엘이라는 정체성을 갖게 된 보다 규모가 크고 다양한 집단의 핵심인물들이었다고 단정하여 토테미즘 이전에 인종적 정체성을 가진 것으로 생각한다. 파우스트의 생각에 이 가상의 원래 핵심집단은 목축인, '반(半)유목민,' '신분을 바꾼 가나안' 정착민, 요단 동편 출신의 '지파들' 그리고 '이집트에서 도망 나온 집단'까지 다양하다. 메르넵타 비문에 나타난 이스라엘에 대한 파우스트의 설명(2006, 167~87)은 다양한 견해들을 훌륭하게 다루었지만 최종 분석은 이 최초의 이스라엘이 인종을 가졌다는 사실에 관한 추정적인 논리에 그치고 있다. 우리는 스파크스(Sparks)가 파우스트에게 던진 질문을 남긴다. "초창기 이스라엘이 공동의 위협과 적에게 맞서려고 만든 상이한 지파 집단의 연맹(혹은 '연합'이나 '동맹')이 아니었다는 증거가 있는가?"(2008) 여기서 공동의 적에 맞선다는 말은 '적'과 협력하는 일도 포함하는 것을 가정한다.

갓월드(Gottwald)가 수십 년 전에 추정한 대로, '이스라엘 자손들', 달리 표현하여 '야훼의 지파들'은 '이스라엘 구성체에 관한 가장 근접한 전문 용어일 것이다'(1979, 243~44). 다른 학자들처럼 갓월드는 이스라엘을 하나의 백성으로 보고 관심을 가졌기 때문에 그가 글을 쓸 때 그 용어는 '전체 이스라엘 사회'를 대표했다. 이러한 이스라엘 사회를 가리키는 보다 보편적인 명칭은 보다 보편적으로 나타나는 '이스라엘 자손들'이나 '이스라엘'이어야 한다는 것을 그는 즉각 깨달았다(1979, 244) 두 번째 명칭은 성서시대를 통틀어 첫 번째 명칭과 동의어였고 그 명칭은 둘 다 시조의 이름을 딴 혈족 집단을 뜻했다. '이스라엘'은 그것이 인종 명칭이 되기 전—그런 적이 있었다면—에 지파의 명칭이었다(Coote 2006, 45~46). 사회 집단이나 사회가 고대 가족을 올바로 이해한 것일 수 있지만 가장 정확하거나 예리한 것은 아닐 수도 있다. 이스라엘이 사회적 집합체라는 생각은 '이스라엘 자손들'을 흔하게 '이스라엘 사람들'로 번역하도록 유도한다. 그것은 오늘날 '이스라엘'이란 용어와 함께 전혀 구분되지 않는 인종 집단을 가리키는 것이 아니다. 인종과 국가의 현대적 연관성을 고려할 때 그것은 민족성이란 의미로 오해하기가 쉽고 그래서 '이스라엘'은 '그녀(국가를 지칭할 때 사용하는 대명사—옮긴이)'로 표기하거나 혹은 하나의—보통 단수—문화로 구현되는 추상적 실체 즉 시조의 이름을 딴 국가 신화와 거의 다를 바가 없다. 후대의 이스라엘은 말할 것도 없고 초기 이스라엘을 정교하게 다룬 연구들도 이런 시대착오에 빠지거나 엉뚱한 곳에 힘을 쏟을 수 있다. 화이틀럼과 내가 쓴 책도 예외가 아니다. 완성하자마자 이런 형태의 시대착오를 저지를 수 있다는 걱정을 했고 그 때문에 문제를 다시 고찰하기로 결정하고 첫 번 책의 서문을 다시 썼다. 우리가 지속적으로 관심을 가진 사안은 그 책의 개정판에 화이틀럼이 쓴 서문의 주제로서 예리하게 서술되어 있다 (Whitelam 2010, x~xii).

그러나 인종 문제는 핵심적인 관심사로 남아 있고 종종 정반대되는 입장도 있다. 흔히 갖는 선입견은 파우스트가 생각하는 것처럼 확실히 다양한 구성원들이 하나의 이스라엘을 만들었다는 것이다. 그래서 그들은 본질적으로 킬리브루(Killebrew)의 유명한 문구처럼 '중다한 잡족(mixed multitude)'이었다(2005).[27] '철기시대 1기가 이스라엘 인종을 형성하는 자리였다고 주장하는 일이 상식이 되어버린 만큼 철기시대 2기의 이스라엘은 사실상 분열의 자리였다. 철기시대 1기의 큰 규모의 지역적 다양성은 이스라엘이…기원전 1000년

27 초기 이스라엘의 특징을 출 12:38의 표현을 따서 사용하는 것은 적어도 의아한 일이다. 그 구절은 '잡족'이 이스라엘 자손들과 *함께* 올라갔다고 말하며 그 '잡족'이란 이스라엘 사람들과 구별되는 사람들을 뜻하기 때문이다.

대의 처음 중반기 내내 하나의 통일된 실체를 유지할 수 없었던 배경으로 이해된다'(Nakhai 2008, 132).[28] 이 다양성이 벳 나카이(Beth Nakhai)가 갈릴리의 철기시대 1기 주거지가 이스라엘 사람의 것이었음을 의심하게 만든 요인이 되었다. 그녀는 대부분의 학자들처럼 이스라엘의 문화적 정체성의 두드러진 특징이 후기청동기 시대의 붕괴에 이어 등장한 격리된 촌락 생활에서 파생한 것이라고 생각한다. '철기시대 1기의 사건들은 이스라엘의 자기정체성을 형성하는데 필수적이었다...무엇이 철기시대 1기의 이질적인 사람들을 결속시킬 수 있었을까?'(2003, 140). 중앙산지에 관하여 그녀는 이렇게 기술한다. "야훼 신앙인들은 거기서만 살지 않았고 가나안 사람들 가운데도 정착하였으며 동떨어진 산속에 도피처를 찾는 자들도 있었다. 그들은 이웃 주민과의 긴 접촉을 통해 불가불 공동의 종교를 발전시켰을 것이다. 시간이 흐르면서 그들은 야훼신과 야훼 신이 대다수 가나안 사람들을 약탈해온 이집트 사람들을 무찌른 전승을 공유하게 되었을 것이다. 이런 식으로 온전한 인종이 형성되었을 것이다..."(2003, 141). 갈릴리 정착지들은 이 중앙 산지의 발전상과 단절되었기 때문에 그들은 철기시대 2기에 이르러 비로소 이스라엘 사람들이라고 불려졌다.

> 이스라엘 사람이란 신분은 인접성과 공동의 생계 유지 전략 그 이상이 필요했다. 그것은 종교적 정체성을 받아들여야 했다... 이스라엘 사람이 되려면 이스라엘 사람들 가운데 살아야 했고 그들의 신앙과 행위를 모든 영역에서 공유해야 했다. 갈릴리에 살았던 사람들은... 이스라엘 왕들이 그 지역을 다스리는 시절이 되어서야 이런 일이 가능해졌다 (2003, 142).

---

28 나카이(Nakhai)의 분석에는 '이스라엘'이 '하나의 통일된 실체'였다는 것을 보여주는 내용이 하나도 없다. 여하튼 긴 철기시대 1기를 지나는 동안 '인종적인' 사회적 유대감은 점진적으로 발전했다(2008, 131~32).

나카이에게는 철기시대 1기의 다양성 인식이 이렇게 인접성에 의존하여 이스라엘 인종이 발전한 긴 기간을 확증해준다. 그것은 '가나안 사람들과 다른 사람들이' '공동의 종교'를 받아들이는 일종의 회심 이야기와 같다.

나카이처럼 모든 요소를 망라하는 원래 '이스라엘'의 통일성을 반드시 찾아내지 않아도 된다고 생각하는 학자들은 고고학적 증거에서 점차 다른 점이라고 말할 수 있는 형태를 찾으려고 하는 것 같다. 밀러(Miller 2005)는 2002년에 출간한 학위 논문에 기초하여 중심장소 이론으로 이미 알려진 철기시대 1기의 정착지를 계획된 시도로 보고 족장 체제(chiefdom)라는 범주를 제시한다. 그의 증거는 동시대 팔레스타인 산지에 이백 년 동안 거주지들을 지정하려는 노력은 하지 않은 채 '이차적' 족장체제가 여럿—서열 따라 족장들의 위계가 하나 이상인 것들—이 있었음을 지목한다. 밀러에게 이러한 다양성은 인종적 통일성에 대한 의구심을 제기하지 않는다. '산지 전체의 동질성은 산지가 자급자족적인 인종 사회를 구성하고 있었음을 시사한다.' 그는 초기 연구에 기초하고 있을 뿐만 아니라 그것이 자신의 족장 체제 연구를 지지한다고 믿는다(2005, 1~2). 밀러는 족장 체제를 지파와 구분한다. 지파는 그가 추종하는 분석법에 따르면 서열이 부여되는 것이 아니라 그것을 쟁취한 지도자들이 이끄는 체제이다. 그는 후자를 선호하여 전자를 위한 비교 자료를 배제한다. 더욱이 그는 일반적으로 신빙성이 없다고 여기는 사사기를 망설임 없이 고고학적 자료와 연관 짓는다.[29]

벤자민 포터(Benjamin Porter)는 인종 문제에 파묻히지 않고 색다른 논의를 통해 색다른 종류의 다양성 문제를 제시했다(2013; 참고. Lev-Tov, Porter, and Routledge 2011). 그의 증거는 요단 동편 지역 중앙에 적용되지만 그가 염두에

29 비평자들은 밀러의 글을 환영하였으나 반론이 없지는 않다(예, Katz 2011). 매우 강한 반대 어조를 띠는 것들도 있떤다. 거주지 분포와 특색의 사회적 패턴을 분간하는 그의 연구 계획은 가치 있는 일이며 보다 나은 결과를 산출할 수 있다.

두고 있는 요단 서편에도 적용될 수 있다 (예, 2013, 141~43). 포터는 자치에 필수적인 '특정 공동체의 일상생활이 보여주는 미세정치' (2013, 104), '소규모 사회들' (2013, 146)에 관심을 기울인다. 포터의 평가를 보면

> 공동체들은 기초생계와 사회생활을 지배하는 지역 변수 때문에... 상대적으로 불규칙하게 생겼다가 몰락하는 독립된 실체였다. 이 정착지들은 사회-자연 체계가 시간이 흘러가면서 변할 때 자신들의 생존자원을 관리하고 의사결정구조를 평등주의 체제에서 보다 강력한 형태의 지도력으로 바꿀 능력을 소유한 자립체이며 신흥 현상들이었다 (2013, 135).

포터는 나카이의 사회의 이질성 분류가 충분치 않다고 생각한다. 그는 '인종 분류학의 동질적 경향'을 무시하면서 만일 철기시대 1기가 "종종 묘사되는 것처럼 정치적, 경제적, 사회적 측면에서 위축되었다면 정착지 사이에 나타나는 이질성은 통상 인식하는 것보다(Nakhai의 1999년 논문을 인용함) 더욱 심한 것으로 예측할 수 있다. 그러한 다양성을 인식하면 초기 철기시대의 사회생활 연구를 통해 얻어지는 해법은 좀 더 좁혀질 수 있다"라는 점을 주목하고 자기 연구를 수행한다(2013, 142). 포터의 프로그램과 증거는 복합적인 공동체가 나타나는 광범위한 정치적 모체를 면밀히 고찰하지 못하게 만든다—실제로 그는 그런 모체가 중요하다는 점에 의구심을 갖고 있는 것 같다.[30]

초기 이스라엘을 연구할 때 증거부족은 차치하고 고대 사회 연구에서 다루기가 어려운 주제인 인종(민족) 연구가 어째서 그렇게 매력이 있는지 의아스럽게 생각할 수 있다(Whitelalm 2013, 245쪽).[31] 결국 직접적이든 간접적이든 사회

---

30 철기시대 1기 산지의 생산 인프라에 대하여 초창기에 데이빗 홉킨스(David Hopkins)가 수행한 탁월한 연구는 명백하게 진행된 '정치적 공백'을 비슷한 방식으로 고찰하도록 만들었다; Coote 1988, 20~21. 포터의 글은 사회적 변화를 보다 충분하게 고려한다는 측면에서 홉킨스의 연구와 다르다.

사의 인과적 요인 중에서 그것은, 특히 현대 이전에는, 두드러진 위상을 차지하지 않은 것으로 보인다.[32] 이스라엘이 만일 단일 집단에서 유래한 것이 아니라 다른 것에서 유래한 것으로 생각할 수 있다면 다른 강조점들이 제시될 것이다. 전도 유망한 대안적 연구 사례는 사이프리안 브루드뱅크 (2013)의 것이다. 그것은 화이틀럼이 인용한 팔레스타인 역사와 상관 있는 최신 연구목록으로 덧붙일만하다(2010, xiii; 2013 선별한 참고문헌 목록). 브루드뱅크는 철기시대 1기의 블레셋과 이스라엘의 대치상황—이스라엘의 기원이 아님—을 장기간의 지중해 상황에서 위기를 수용한 불안정한 사회발전, 즉 청동기 시대 궁정 중심의 지중해안 왕정 체제의 붕괴와 산지에서 와해된 국가 헤게모니와의 대결 구도로 본다(2013, 449~72). 철기시대 1기의 산지 사회를 이스라엘의 기원과 구별된 것으로 보는 또 다른 기대할만한 연구는 질 카츠(Jill Katz)의 것이며 계속 출판되고 있다(2011, 2012). 카츠는 지구 전역에 나타난 지파사회의 증거를 유형별로 구분하여 산지의 초기 이스라엘은 그중에서 파우스트가 묘사한 것과 같은 평등주의를 가리키는 '중요인물'의 지파 유형과 잘 들어맞는다고 결론짓는다. 인류학자인 카츠가 인식하듯이 역사적 혹은 지리적 인접성 자체가 유비관계를 더욱 정당하게 만드는 것은 아니다. 위에서 언급한 대로 마리(Mari) 왕국의 역사는 이스라엘의 기원을 이해하는 자료로 충분히 연구되지 않았다. 종종 그런 자료를 바라보는 접근법의 전제들 때문이다. 프랑스/독일학자들의 HIGEOMES[33] 프로젝트는 이 연구를 더욱 활용하기 쉬운 용어로 갱신시켜준다. 하지만 목축 지역과 사건의 차이는—지파의 역학에 본질이 아님—염두에 두

---

31 이 매력에 관하여 현대의 상황이 가진 관련성을 위해 Jones 1997; Nestor 2010; Pfoh and Whitelam 2013을 보라.

32 성서 세계에서 사회적 정체성의 유연성과 가변성을 빈번히 인식하는데도 불구하고 '우리는... 되어가는 과정(즉, 인종 생성) 속에서 항상 사회의 대중들에게 돌아간다. 달리 말해서 우리는 정체성 이야기로 시작했는데 집단 이야기로 마무리한다' (Routledge 2004, 91).

33 기원전 2000년대 상부 메소포타미아 지역의 역사적 지리학의 약어.

어야 한다(Ziegler and Reculeau 2014).[34]

철기시대 1기 팔레스타인 산지의 촌락은 어느 정도 번성했다. 이유는 자기 일에만 충실하기로 결심하고 경제적으로 상호 이익을 얻게 되는 경우에만 서로 연락하고 함께 예배하면서 점차 인종적으로 친밀해졌기 때문이 아니었다. 권력의 집약과 왕정 체제를 완전히 배제하는 일에 헌신했다는 것은 처음부터 상당한 정치적 기반을 가졌고 그래서 상당한 문화적 재가도 얻었음이 틀림없다. 그러한 기반은 모든 가능성을 놓고 볼 때 지파 연합이었다. 지파 연합은 이집트와 공모하면서도 동시에 이집트를 견제했고 파우스트가 간파하고 가장 열심히 기술한 반독점주의 산지문화를 촉진시켰다. 그것을 재가한 것은 지파의 엘 신의 모습을 지닌 야훼 신의 제의였다.

셜록 홈즈는 「주홍색 연구(A Study in Scarlet)」(영국인 아서 코난 도일의 탐정소설—옮긴이)에서 "모든 증거를 손에 쥐기도 전에 이론을 만들어 내는 것이 치명적 실수이다"라는 현명한 관찰과 함께 이 말을 여러 번 되풀이했다. 이 가치 있는 비평은 아직도 고대 팔레스타인 역사에 적용되지 않았고 그럴 수도 없다. 남아 있는 질문은 홍수같이 쏟아지는 고고학적 자료를 포함해서 불완전한 증거를 어떻게 유추해낼 것인가 하는 일이다. 여하튼 자료가 많다고 해서 불일치가 줄어드는 것은 아니다. 이스라엘의 기원에 관한 논의는 가설적인 이야기들(요새 유행하는 내러티브의 버전들)로 가득하며 여기서 강조하는 시나리오

---

34 정치적 여건이 미흡한 곳에서 사회적 정체성을 형성하는 데 집착했다는 표시는 없다. Crouch (2014)는 신명기법을 집단 정체성에 대한 관심사 때문에 생긴 것으로 보고 일반적이거나 대중적인 가상의 불안감—앗수르와 외부인들이 유다 주민의 사회적 정체성을 위협함—에 초점을 맞추어 왕정사회가 급진적으로 중앙화를 시도한 것이라든지 왕정사회가 일반적으로 일으킨 정치 프로젝트로 보지 않는다. 사마리아가 패망한 뒤 예루살렘으로 도피한 이스라엘 피난민의 사회적 정체성에 대해서도 끊임없이 관심을 기울인 경우도 동일한 논리가 나타난다. 하지만 전혀 개연성이 없는 시나리오이다. 마찬가지로 사회적 정체성 형성에 초점을 맞추면 놀라운 역사적 센스를 만들 수 있다. 이를테면 Nicholson 2014가 사례이다.

는 상대적인 정당성이 충분하지 못해서 다른 것과 비교할 때 별로 더 나아보이는 점이 없을 위험성이 있다. 하지만 초기 이스라엘을 포함한 모든 연구전략 배후에는 증거와 설득력이 필요한 이야기가 있고 나중의 이스라엘에 관한 모든 기사 배후에는 선행사례에 대한 일련의 가정들이 자리 잡고 있다. 과거에 키스와 내가 공동으로 작업했던 것처럼 발 빠른 연구자들이 목표와 전략을 수정하고 역사가들은 역사적 이스라엘에 적용할 범주를 재고하여 초기 이스라엘 이야기의 주요 요소들을 점검함으로써 현재 유행하는 내러티브를 대체할 때이다.

참고문헌

Berlejung, Angelika, and Michael P. Streck, eds. 2013. *Arameans, Chaldeans, and Arabs in Babylonia and Palestine in the First Millennium BC*. Wiesbaden: Harrassowitz.

Broodbank, Cyprian. 2013. *The Making of the Middle Sea: A History of the Mediterranean from the Beginning to the Emergence of the Classical World*. New York: Oxford University Press.

Cline, Eric H. 2014. *1177 B.C.: The Year Civilization Collapsed*. Princeton University Press.

Coote, Robert B. 1972. The Meaning of the Name Israel. *Harvard Theological Review* 65: 137~42.

_____. 1988. Settlement Change in Early Iron Age Palestine. Pages 17~22 in *Early Israelite Agriculture: Reviews of David C. Hopkins' Book The Highlands of Canaan*. Edited by Øystein Sakala LaBianca and David C. Hopkins. Occasional Papers of the Institute of Archaeology, Andrew University. Berrien Springs, MI: Andrews University Press.

_____. 1990. *Early Israel: A New Horizon*. Minneapolis: Fortress.

_____. 2006. Tribalism: Social Organization in the Biblical Israel. Pages 35~49 in *Ancient Israel: The Old Testament in Its Social Context*. Edited by Philip F. Esler. Minneapolis: Fortress.

_____. 2007. The Davidic Date of J. Pages 324~43 in *To Break Every Yoke: Essays in Honor of Marvin L. Chaney*. Edited by Robert B. Coote and Norman K. Gottwald. SWBA, Second Series 3. Sheffield: Sheffield Phoenix.

_____. 2008. Israel, Social and Economic Development. Pages 138~43 in *The New Interpreter's*

Dictionary of the Bible. Vol. 3, I~Ma. Edited by Katharine Doob Sakenfeld. Nashville: Abingdon.

_____. 2015. Land. Pages 27~33 in *The Oxford Encyclopedia of the Bible and Theology*. vol. 2. Edited by Samuel E. Balentine. New York: Oxford University Press.

Coote, Robert B. and Keith W. Whitelam. 1986. The Emergence of Israel: Social Transformation and State Formation Following the Decline of LBA Trade. *Semeia* 37: 107~47. Reprinted in pages 335~76 of *Community, Identity, and Ideology: Social Science Approaches to the Hebrew Bible*. Edited by Charles E. Carter and Carol L. Meyers. Winona Lake, IN: Eisenbrauns, 1996.

_____. 1987. *The Emergence of Early Israel in Historical Perspective*. SWBA 5. Sheffield: Almond Press. Repr. with new Preface, Sheffield: Sheffield Phoenix, 2010.

Crouch, Carly L. 2014. *The Making of Israel: Cultural Diversity in the Southern Levant and the Formation of Ethnic Identity in Deuteronomy*. VTSup 162. Leiden: Brill.

Dever, William G. 2003. *Who Were the Israelites and Where Did They Come From?* Grand Rapids: Eerdmans.

_____. 2009. Merneptah's 'Israel', the Bible's and Ours. Pages 89~96 in *Exploring the Long Durée: Essays in Honor of Lawrence E. Stager*. Edited by J. David Schloen. Winona Lake: Eisenbrauns.

Dijkstra, Jiste H. F., and Greg Fisher, eds. 2014. *Inside and Out: Interactions Between Rome and the Peoples on the Arabian and Egyptian Frontiers in Late Antiquity*. Leuven: Peeters.

Faust, Avraham. *2006. Israel's Ethnogenesis: Settlement, Interaction, Expansions and Resistance*. Approaches to Anthropological Archaeology. London: Equinox.

Ferguson, R. Brian, and Neil L. Whitehead, eds. 1999a. *War in the Tribal Zone: Expanding States and Indigenous Warfare*. Santa Fe: School of American Research Press; orig. 1992.

_____. 1999b. The Violent Edge of Empire. Pages 1~30 in Ferguson and Whitehead 1999.

Finkelstein, Israel. 2013. *The Forgotten Kingdom: The Archaeology and History of Northern Israel*. Ancient Near East Monographs 5. Atlanta: Society of Biblical Literature.

Fleming, Daniel E. 2012. *The Legacy of Israel in Judah's Bible: History, Politics, and the Reinscribing of Tradition*. New York: Cambridge University Press.

Fried, Morton. 1968. The Concepts of 'Tribe' and 'Tribal Soceity,' Pages 3~20 in *Essays on the Problem of Tribe: Proceedings of the 1967 Annual Spring Meeting of the American Ethnological Society*. Edited by J. Helm. Seattle: University of Washington Press.

_____. 1975. *The Notion of Tribe*. Menlo Park: Cummings.

Gilboa, Ayelet. 2014. The Southern Levant (Cisjordan) During the Iron Age I Period. Pages 624~48 in *The Oxford Handbook of the Archaeology of the Levant c. 8000~332 BCE*. Edited by Margreet L. Steiner and Ann E. Killebrew. New York: Oxford University Press.

Gottwald, Norman K. 1979. *The Tribes of Yahweh: A Sociology of the Religion of Liberated Israel, 1250~1050 B.C.E.* Maryknoll, NY: Orbis Books.

Grabbe, Lester L. eds. 2008. *Israel in Transition: From Late Bronze II to Iron IIa (c.1250~850 B.C.E.).* Vol. 1, *The Archaeology.* New York: T&T Clark International.

Hasel, Michael G. 1994. Israel in the Merneptah Stela. *BASOR* 296: 45~61.

_____. 1998. *Domination and Resistance: Egyptian Military Activity in the Southern Levant, ca. 1300~1185 B.C.* Probleme der Ägyptologie 11. Leiden: Brill.

_____. 2008. Merneptah's Reference to Israel: Critical Issues for the Origin of Israel. Pages 47~59 in Hess, Klingbeil, and Ray 2008.

Hess, Richard S., Gerald A. Klingbeil, and Paul J. Ray, eds. 2008. *Critical Issues in Early Israelite History.* Winona Lake: Eisenbrauns.

Hjelm, Ingrid, and Thomas L. Thompson. 2002. The Victory Song of Merneptah: Israel and the People of Palestine. *JSOT* 27: 3~18.

Jones, Siân. 1997. *The Archaeology of Ethnicity: Constructing Identities in the Past and Present.* New York: Routledge.

Katz, Jill. 2011. Multiple Aspects of Tribalism in Iron I Israel. Paper Read to the Annual Meeting of the American Schools of Oriental Research, San Francisco.

_____. 2012. An Anthropologist's View of Early Israel. *BAR* 38, no. 3:30, 64.

Killebrew, Ann E. 2005. *Biblical Peoples and Ethnicity: An Archaeological Study of Egyptians, Canaanites, Philistines, and Early Israel, 1300~1100 B.C.E.* Archaeology and Biblical Studies 9. Atlanta: Society of Biblical Literature.

Kitchen, Kenneth A. 2003. *On the Reliability of the Old Testament.* Grand Rapids: Eerdmans.

Lev-Tov, Justin S. E., Benjamin W. Porter, and Bruce E. Routledge. 2011. Measuring Local Diversity in Early Iron Age Animal Economies: A View from Khirbat al-Mudayna al-'Aliya (Jordan). *BASOR* 361: 67~93.

Liverani, Mario. 2005. *Israel's History and the History of Israel.* London: Equinox. Italian original 2003.

Miller, Robert D. II. 2005. *Chieftains of the Highland Clans: A History of Israel in the 12th and 11th Centuries B.C.* Grand Rapids: Eerdmans. Repr. Eugene: Wipf & Stock, 2012.

Morenz, Ludwig D. 2008. Wortwitz – Ideologie – Geschichte: 'Israel' im Horizont Mer-en-ptahs. *ZAW* 120:1~13.

Müller, Marcus. 2011. A View to a Kill: Egypt's Grand Strategy in Her Northern Empire. Pages 236~51 in *Egypt, Canaan and Israel: History, Imperialism, Ideology and Literature.* Edited by S. Bar, D. Kahn, and J. J. Shirley. Culture and History of the Ancient Near East 52. Leiden:

Brill.

Nakhai, Beth Alpert. 2003. Israel on the Horizon: The Iron I Settlement of the Galilee. Pages 131~51 in *The Near East in the Southwest: Essays in Honor of William G. Dever*. Edited by B. A. Nakhai. AASOR 58. Boston: American Schools of Oriental Research.

_____. 2008. Contextualizing Village Life in the Iron Age I. Pages 121~37 in Grabbe 2008.

Nestor, Dermot Anthony. 2010. *Cognitive Perspectives on Israelite Identity*. New York: T&T Clark International.

Nicholson, Hugh. 2014. Social Identity Processes in the Development of Maximally Counterintuitive Theological Concepts: Consubstantiality and No-Self. *JAAR* 82: 736~70.

Noll, Kurt L. 2001. *Canaan and Israel in Antiquity: An Introduction*. 1st ed. New York: Sheffield Academic.

Parkinson, William A. 2002. *The Archaeology of Tribal Societies*. Ann Arbor: International Monographs in Prehistory.

Pfoh, Emanuel. 2009. *The Emergence of Israel in Ancient Palestine: Historical and Anthropological Perspectives*. London: Equinox.

Pfoh, Emanuel and Keith W. Whitelam. 2013. *The Politics of Israel's Past: The Bible, Archaeology and Nation-Building*. SWBA. Second Series 8. Sheffield: Sheffield Phoenix.

Porter, Benjamin W. 2013. *Complex Communities: The Archaeology of Early Iron Age West-Central Jordan*. Tucson: University of Arizona Press.

Rosen, Steven A. 2009. History Does Not Repeat Itself: Cyclicity and Particularism in Nomad-Sedentary Relations in the Negev in the Long Term. Pages 57~86 in *Nomads, Tribes, and the State in the Ancient Near East: Cross-Disciplinary Perspectives*. Edited by Jeffrey Szuchman. Oriental Institute Seminars 5. Chicago: The Oriental Institute of the University of Chicago.

Routledge, Bruce. 2004. *Moab in the Iron Age: Hegemony, Polity, Archaeology*. Philadelphia: University of Pennsylvania Press.

_____. 2008. Thinking 'Globally' and Analysing 'Locally': South-central Jordan in Transition. Pages 144~76 in Grabbe 2008.

Schniedewind, William M. 2013. *A Social History of Hebrew: Its Origins Through the Rabbinic Period*. New Haven: Yale University Press.

Scott, James C. 2009. *The Art of Not Being Governed: An Anarchist History of Upland Southeast Asia*. New Haven: Yale University Press.

Sparks, Kenton L. 2007. Religion, Identity and the Origins of Ancient Israel. *Religion Compass* 1: 587~614.

_____. 2008. Review of Israel's Ethnogenesis, by A. Faust. *RBL*, July 12.

Stone, Lawrence G. 2014. Early Israel and Its Appearance in Canaan. Pages 127~64 in *Ancient Israel's History: An Introduction to Issues and Sources*. Edited by Bill T. Arnold and Richard S. Hess. Grand Rapids: Baker Academic.

Tebes, Juan Mauel. 2014. Socio-Economic Fluctuations and Chiefdom Formation in Edom, the Negev and the Hejaz During the First Millenium BCE. Pages 1~30 in *Unearthing the Wilderness: Studies on the History and Archaeology of the Negev and Edom in the Iron Age*. Edited by Juan Manuel Tebes. Leuven: Peeters.

Van der Steen, Eveline J. 2004. *Tribes and Territories in Transition: The Central East Jordan Valley in the Late Bronze and Early Iron Ages: A Study of the Sources*. Orientalia Lovaniensia Analecta 130. Louvain: Peeters.

_____. 2006. Tribes and Power Structures in Palestine and the Transjordan. *Near Eastern Archaeology* 69: 27~36.

Weingart, Kristin. 2014. *Stämmervolk-Staatsvolk-Gottesvolk? Studien zur Verwandung des Israel-Namens im Alten Testament*. FAT 2/68. Tübingen: Mohr Siebeck.

Whitelam, Keith W. 2002. Palestine During the Iron Age. Pages 391~415 in *The Biblical World*. Edited by John Barton. New York: Routledge.

_____. 2010. Preface to the Second Edition. Pages vii-xv in *The Emergence of Early Israel*. Edited by Robert B. Coote and Keith W. Whitelam. Sheffield: Sheffield Phoenix.

_____. 2013. *Rhythms of Time: Reconnecting Palestine's Past*. BenBlackBooks.

Ziegler, Nele, and Hervé Reculeau. 2014. The Sutean Nomads in the Mari Period. Pages 209~25 in *Settlement Dynamics and Human-Landscape Interaction in the Dry Steppes of Syria*. Edited by Daniele Morandi Bonacossi. Studia Chaburensia 4. Wiesbaden: Harrassowitz.

2

이스라엘의 사회적, 경제적 발전[1]

고대 이스라엘은 오늘날 우리가 알고 있는 전형적인 현대국가처럼 확정된 국경선, 법으로 규정한 시민, 그리고 민족적 정체성 등을 갖고 있지 않았다. 더구나 그들은 성서시대를 통틀어 본질적으로 동일한 사회적 정체성을 갖고, 동일한 역사, 가치관, 목적을 공유하며, 동일한 언어, 종교, 문화를 가진 인종 집단이나 민족이 아니었다. 따라서 어느 단계에서 다른 단계로 발전해가는 완비된 국가 경제도 가지고 있지 않았다. 성서 세계에서 이스라엘이란 이름은 가변적이었고 무엇보다도 논쟁적인 명칭이었다. 이스라엘을 사회정치적 실체를 가리키는 용어로 쓰는 것은 사회경제적으로 연속성을 지녔기 때문이 아니라 정치적 상황이 그렇게 전개되었기 때문이다.

그럼에도 불구하고 천년 이상 부분적으로나마 연속성을 간직해온 이스라엘

1 Robert B. Coote, "Israel, Social and Economic Development" in *The New Interpreter's Dictionary of the Bible*, vol. 3 (I-Ma), edited by Katherine Doob Sakenfeld (Nashville: Abingdon Press, 2008), 138~143. 이 글은 어빙던 출판사의 허락을 받아 번역, 수록함.

사회들의 발전상은 네 단계로 구분할 수가 있다. 그것은 지파 이스라엘(tribal Israel), 왕정 체제 이스라엘(monarchic Israel), (페르시아 제국의) 지방 이스라엘(provincial Israel), 로마제국이 점령한 왕정 이스라엘이다(Roman monarchic and occupied Israel). 이스라엘의 사회적, 경제적 발전은 세 가지 사회정치적 형태 즉 지파(tribe), 왕정제(monarchy), 제국의 지방(imperial province or sector)으로 기술할 수 있다. 단일 이스라엘은 이 형태들 중 하나가 다른 형태로 발전한 것이 아니었다. 오히려 이 세 가지는 서로 상당히 중복된다. 하지만 지파 이스라엘은 종교적으로 구별되고 정치적 자치구역 전승을 만들어냈고 이스라엘의 정치 지도자들과 그 이후의 지도자들 그리고 이것을 추종하는 자들은 전체 성서시대 동안 다양한 이유로 이렇게 주장하기를 원했다. 이스라엘의 자치구역은 항상 제국과 지역 세력의 중간적 존재였다. 성서시대에 이스라엘의 자치구역은 심하게 변동되었고 현대의 이스라엘이나 다양한 팔레스타인 집단들이 주장하는 영토와 일치하지 않는다.

성서시대를 통틀어 이스라엘은 고대 근동의 발전된 농경사회의 일부였다. 대가족(extended family)은 기본적인 정치, 사회, 경제 단위였다. 그것은 고대 근동의 '가족'과 가장 근접한 제도였고 가부장제가 지배적이었다. 가정 밖에서는 후원관계가 가장 중요했다. 대다수의 가정은 소규모 정착촌에서 살았고 식량 생산, 의복, 가옥을 중심으로 생활을 조직했다. 토지는 가장 중요한 사회적, 경제적 원천이었다. 대부분의 장소와 시간에 사회는 부자와 가난한 자들의 계층으로 나뉘었고 중산층은 거의 배제되었다. 정치는 왕정 체제를 지향하여 파벌과 함께 계층사회를 만들었다. 정권은 가족에 기초를 두고 소유하였다. 농부는 통치자와 채권자가 가져가 버리는 식량의 생산을 증대시킬 동기가 부족했고 통치자와 채권자는 농사일을 잘 모르기 때문에 식량생산 기술은 나아지지 않았다. 군사기술의 향상도 거의 드물었다. 비옥한 초생달 지역에 흩어져 사는 엘리트 통치자들은 종종 자기들이 다스리는 농민보다 서로 공통점이 더 많았다. 엘리트 지배층의 일차적 관심사는 전쟁이었고 그것이 땅 통치권을 확장하는 지름길이었다. 제의전문가들은 주로 전쟁계층의 신하들이었다. 촌민의 농업은 혼합적이었고 엘리트가 소유한 땅은 주로 전용 재배를 했는데 이것은 식량생산자에게 치명적인 결과를 가져왔다. 사회적, 경제적 관계는 정치적 관계에 의하여 지배되는 경향이 있다. 오늘날은 이와 반대로 정치가 사회경제적 관계에 지배를 받는다.

A. 지파 이스라엘

이스라엘은 후기 청동기 시대에 일종의 지파 체제로 등장했다. 철기 시대 초기(주전 12세기와 11세기)에 이 사회는 갈릴리 지역부터 네게브 지역까지 펼쳐진 중앙 산지에 전부는 아니지만 상당히 많은 정착촌을 감독했다. 왕정시대 이전의 초기 이스라엘 지파사회에 관한 상세한 정보는 거의 알려진 바가 없다. 오경, 여호수아서, 사사기에 나타난 전승들은 모두 나중에 기록된 것들이다. 추정하건대 이중 일부는 아주 이른 시기로 소급될 수도 있으나 거의 모든 전승이 후대의 이해관계와 맞물려 작성되었다. 성서 밖의 가장 중요한 자료는 고고학적 자료이다. 그것은 이집트 제국이 후기 청동기와 철기시대 1기에 이 지역을 장악하고 있었음을 알려주는 주전 13세기의 메르넵타 비문이고 이스라엘이란 언급이 포함되어 있다. 또 장기적인 인구변화와 철기시대 1기의 정착촌에 관한 고고학 자료도 있다. 하지만 고대근동역사는 사회경제적 조건을 포함해서 일반적으로 이스라엘과 같은 지파들의 형성 사례들에 대해서 많이 알려져 있다.

1. 지파사회

지파에 관한 지식은 전형적으로 '국가'와 다르고 종종 그에 반대한다는 것을 강조한다. 하지만 고대 근동세계에서 지파들은 종종 군주사회나 국가 안에서 형성되며 지파의 구조와 정체성도 주로 국가들과 대치하고 협상하고 타협하는 중에 형성되었다. 구약시대의 경우 이것은 분명하다. 구약은 주로 사실상의 국가 담론이며 성서시대 대부분은 이스라엘을 지파적 왕정 체제(tribal monarchy)로 묘사한다. 그러나 이것은 본문의 증거가 아주 드문 초기 이스라엘에 속한다. 그러므로 역사적으로 지파 스스로에 의해서 분명히 표현되는 지파 구조와 궁정 이데올로기에 나타나는 지파 구조 사이의 차이는 지파와 국가의 대립전승에도 불구하고 일반적으로 실체가 없다.

지파는 실제든 가상이든 친족집단의 사회정치적 조직으로서 단일 조상의 후손들이고 공식적이지도 않고 영구적이지도 않은 리더십하에 있었다. 그래서 지파 조직은 가족 개념을 확대하여 상당히 방대한 사회적 집단들을 포용하였다. 초기 이스라엘—'이스라엘의 자손'[저자의 번역; NRSV(개역개정), '이스라엘 백성']—은 그런 조직이었다. 지파의 정체성과 구조는 유동적이고 늘 변하면서 재조정되었다. 혈연관계 묘사는 보통 과거보다는 현재 상황을 나타냈다. 열두 지파로 구성된 이스라엘이라는 원칙은 초기 이스라엘에서 유래했을 것이지만—여섯씩 묶거나 열둘씩 묶어 집단을 만드는 방식을 선호했다는 사례가 있다—초기 왕정시대에 정착되었고 이후로는 사회정치적 현실이 어떠하든 관계없이 유지되었다. 친족을 표시하는 용어는 친족 서열 구조(보통 셋)로 표현되었고 (서열과 대조되는) 소위 분절적 사회(segmented society)라는 모습을 만들었다. 여호수아 7장은 이스라엘 사회의 세 가지 서열 구조를 언급하는 것으로 자주 인용된다. 그것은 대가족(extended family), 족속(clan)과 지파(tribe)이다. 그러나 이 히브리어들의 변덕스러운 용법—실제로 성서의 '백성'(히브리어 'am)이란 단어가 그렇다—은 지파 용어가 탄력적이었으며 개념화되었음을 보여준다.

친족 서열의 모호성은 친족 기능의 경계가 불명확한 상황과 맞물려 있다. 대다수 지파의 일원에게 가족을 넘어서 확대되는 친족의 주요 가치는 상호보호였다. 보호에는 주로 채무 탕감 특히 저당 잡힌 토지의 소유권 회복과 피의 복수와 같은 일이 포함되었다. 지파와 국가의 대립은 이스라엘 군주들이 중앙에 집중하는 사회질서를 확대하여 피의 분쟁을 제어하려는 시도를 하는 데서 볼 수 있다. 그것은 이를테면 가인을 우선적으로 보호하고 도피성 법을 제정하는 사례에서 볼 수 있는데 둘 다 군주시대 이전의 사회상을 투영한 것이다(창 4:13~15; 민 35:6~15).

성서의 지파 명칭은 종종 경계선을 언급하는데, 특히 여호수아서와 에스겔서에서 그러하다. 하지만 지역 경계선은 지파 조직의 본질이 아니다. 이스라엘 자체도 마찬가지이다. 그 명칭은 어떤 사람들(people)을 가리키며 자치구역(dominion)을 말한다. 그것이 주로 영토를 나타낼 것이라는 생각은 아마도 시대착오일 것이다. 대다수 지파들은 경쟁하는 다른 정치 권력들이 소유한다고 주장하는 땅에 거주했고 동일 지파가 별도의 영토를 차지할 수도 있었다. 지파 영토는 지파의 정체성만큼이나 고정된 적이 없었고 영토의 범위는 투쟁, 협박, 협상을 통해 결정되어 갔다.

유사한 사례를 비교해보면 지파의 정체성을 설명할 수 있고 지파 조직은 사회적 입장에 따라 다른 방식으로 설명되며 사회적 위상이 더 높은 경우에 형성되고 정의되는 경향이 있음을 암시한다. 이런 경향은 지파의 정체성이 원래 지역 정체성(local identity)을 확장하여 만들어진 것이 아님을 보여준다. 지파 조직은 다른 지파뿐만 아니라 왕정국가와의 관계 속에서 명확해진다. 어떤 이는 심지어 지파는 국가와 적대적 관계를 갖지 않는 한 형성되지 않는다고 생각한다. 적어도 지파 관계는 거의 항상 지파와 왕정 체제의 긍정이 결부되어 형성되었다. (우리에게 지파라는 단어를 전해준) 고대 그리스와 로마에 알려진 지파 체제의 형태들은 전통적인 지파 사회가 아니라 중앙 권력들이 규정한 고도의 합리적인 사회 구조를 나타낸다. 성서의 지파들도 전부는 아니지만 대부분의 상세한 설명을 보면 그렇다. 초기 이스라엘 역사에서 이집트와의 관계는 의미심장한 역할을 했음이 틀림없다. 출애굽기에 보존된 대로 이집트를 향한 적대적인 전통에도 불구하고—원래는 이스라엘과 이집트의 협력관계를 감추려고 선포되었을 수도 있다—이스라엘과 이집트 신왕국의 관계는 복합적이었다.

2. 초기 이스라엘 사회와 경제

지파의 정체성은 사회적이기보다 정치적이었다. 만약 인종적 정체성 개념을 초기 이스라엘에 적용한다면 그것은 이스라엘 지파 체제가 가진 하나의 기능으로 보는 것이다. 오늘날의 세계에서 정치적 차이는 종종 인종과 같은 문화적 차이와 관계가 있다. 그래서 '민족'이란 동일 백성, 동일 문화, 동일 언어를 쓰는 사람들로 본다. 대조적으로 고대 세계에서는 문화적 차이가 보통 정치적 이해관계에서 파생되며, 마찬가지로 인종이란 문화적 차이보다는 정치적 차이 때문에 생겼다. 그러므로 초기 이스라엘을 구별된 문화를 지닌 하나의 인종으로서 볼 때 그것이 고고학적 기록에 드러나지 않는다는 것은 놀라운 일이 아니다. 초기 이스라엘의 인종적 정체성을 찾을 때 민족적 정체성을 (잘못) 찾으려는 시대착오가 종종 발생한다. 그것은 이스라엘 지파 체제가 사회정치적 이질성과 변동성이 존재함에도 불구하고 이스라엘의 영토와 사회가 일치한다고 가정하고 인종을 일관성 있는 유전적 특징과 언어와 종교로 정의한다. **이스라엘**이란 명칭은 지파의 시조, 즉 조상의 이름이었다. 그 백성을 이 시조의 이름으로 불렀다. 그것이 이 시조 명칭의 기능이었다.

이스라엘 지파 체제는 반드시 목축유목과 연관성을 갖지는 않았다. 이스라엘은 처음부터 정착한 주민으로 이루어졌을 것이다. 고고학과 성서의 증거는 모두 이스라엘 촌민과 이주농민은 농업, 과수재배, 축산을 혼합하는 자급자족적 경제를 운용했음을 보여준다. 사회발전이 광범위하게 이루어졌다는 진화론적 견해는 성서시대의 사회변화를 파악하는 데 아무런 기여도 못한다. 이스라엘은 고대부터 늘 발전된 농경사회에 속했다. 격리된 분절 사회들이 사회적 차이와 계층 차이를 완화시키는 데 기여했을 수도 있고 그래서 때로는 이론상 적어도 평등주의적 사회로 보기도 했다. 공동체주의(communitarian)라는 용어가 분절된 공동체들이 방어와 자금 조달은 물론이고 농사짓기에 반드시 필요한 상부상조를 일컫는 말로 사용되기도 했다. 초기 이스라엘은 결코 격리된 사회가 아니었으며 지파 집단들은 부유한 우두머리와 가난한 촌민이나 축산

농가들을 포함했다. 하지만 구심적인 정착지가 없고 철기시대 초기의 동질적인 촌락들이 산지에 확산되어 있었으며 석조 주거지가 많고 곡식저장용 구덩이와 지역에서 생산물을 통제한 것을 보여주는 커다란 저장항아리의 확산 양상 그리고 왕정시대 이전의 지방분권적이고 반(反)왕정적 이데올로기에 관한 성서적 전승은 모두 초기 이스라엘에 계층 구분이 미약했음을 가리킨다. 초기 이스라엘의 군사방어—구약이 제시한 대로—는 대개 지파들의 협력과 게릴라 전술 및 산간지대의 도피처에 의존했다.

초기 이스라엘의 사회 경제적 특징은 지파들이 믿는 하나님의 신학으로 표현된다. 예상대로 야훼는 엘 신의 모습을 하고 있으며 천막에서 사는, 산을 지은 창조자요 족장이며 신들의 상담자(그래서 이스라엘이란 이름은 "엘 신이 다스린다"는 뜻임)로 알려지지만 시편 19:14처럼 '구속자'와 '반석'이나 '떨어지다' 같은 반왕정적 명칭으로도 잘 알려져 있다.

B. 왕정 이스라엘

이스라엘은 등장한 지 이삼백 년도 지나지 않아서 두 개의 왕정사회로 발전했다. 달리 말해서 왕조를 세운 자들에 의해 처음에는 하나의 왕정사회였다가 다음에는 두 개의 왕정사회로 바뀌었다. 둘 다 전형적으로 농경사회에서 볼 수 있는 특징적인 위계질서를 만들어냈다. 초기 이스라엘의 지파적 특성이 왕정사회 안에서 얼마나 오래 지속되었는지는 알려지지 않았다. 관련 증거가 희귀하고 애매하기 때문에 왕권이 얼마나 깊이 친족관계를 억압했는지 또 이와 반대로 친족관계가 왕권에 얼마나 저항했는지에 대해서는 의견이 분분하다. 분명한 것은 초기 이스라엘의 지파 조직은 대체되었다는 것이다. 물론 이스라엘 왕정사회의 궁정들이 때때로 추상적인 어조로 지파 조직을 선전했다. 하지만 이것은 지파 정체성이나 지파 조직이 사라졌다는 뜻이 아니다. 이런저런 식으로 친족은 농민과 지역지도자와 지방의 지도자들 사이에 분절조직을 증가시켜 왕정사회의 통치계층이 벌이는 약탈에 항상 저항했다.

이스라엘 국가의 등장은 주요 도심지, 정치와 경제의 중앙화, 관료적 행정, 강제부역 노동자(농민은 노동으로 조세를 부담했음)를 사용하는 대형건축물, 대규모 무역, 정규군, 왕실 기록·역사 문서·정치·지혜·제의 문헌을 보관하는 서기관 제도의 등장, 그리고 다윗의 나라와 함께 정착지가 동쪽과 남쪽으로 확대된 것 등의 증거들로 정의해왔다. 이렇게 정의할 때 (북쪽의) 이스라엘 나라는 9세기, 다윗의 나라는 8세기 말에 등장했다는 것이 고고학적으로 분명하게 보인다. 그때가 헬라 시대 이전에 지역 인구가 가장 많았던 때이다. 두 나라는 앗수르가 영향력을 미쳤을 때에 등장한 것 같다.

이렇게 정의한 이스라엘 국가의 등장은 이스라엘 왕정사회가 일으켰던 초기의 사회적, 경제적 효과를 배제하지 않는다. 이 국가 개념은 어느 정도 중앙화되었는지를 결정할 수 없다. 그만큼 이 개념은 고대근동의 통치 패턴보다는 역사학계의 관행과 사회진화론에 따른 것이다. '국가'는 하나의 제도 개념과 분리하기가 어렵다. 제도로서 국가의 구조와 안정성은 실제로 고대 혈연관계에 기초한 왕의 사유재산권(즉, 무력사용의 독점, 토지재분배, 사법절차 재가, 전쟁 상대와 시기 결정, 후계자에게 왕의 재산을 상속할 권리)에 전형적으로 나타나는 불규칙적인 변동성을 초월한다. 이 혈연관계에 기초한 사유재산권 관리라는 의미가 바로 히브리어 '왕정'(어근 mlk [מלך], '다스리다, 통치하다')이 지닌 의미일 것이다. '국가'가 '정권이 바뀔 때도 언제나 지속되는 것'으로 정의하는 전통적 개념은 성서 세계에 존재하지 않았다. 오히려 '국가'는 왕조가 바뀔 때마다 바뀌었다.

1. 초기 이스라엘 왕정국가

지파가 주도적이었던 이스라엘이 고대 세계에 흔하게 벌어지듯이 언제 왕의 통치를 받는 사회로 바뀌었는지—혹은 그런 체제로 탈바꿈했는지는 알려져 있지 않다. 그런 변화는 한 번 이상 일어난 것 같다. 가장 늦은 변화가 주전

11세기말 사울 시절에 일어났다. 사울로 시작하여 이스라엘의 왕정사회는 사울, 다윗, 여로보암, 바아사로 이어지는 단명한 네 왕조가 일어났다. 각 왕조는 거의 두 세대를 넘기지 못했고 솔로몬을 제외하고 각 왕조의 후계자들은 빠르게 무너졌다. 시므리가 7일 통치한 데 이어 다섯 번째 왕조를 세운 오므리는 세 세대를 지속했다. 이 업적은 오므리의 비범한 역량 때문이었다. 그는 다시 일어서는 두로와 동맹을 맺고 아들 아합에게 섭정 통치를 맡기는 민첩함을 보여주었다. 가장 오래 왕조를 지속한 예후는 다섯 세대를 이어갔고 이후로는 또다시 단명한 몇 개의 왕조들이 앗수르의 침략 앞에 무릎을 꿇었다.

이스라엘 왕조마다 보통은 피의 숙청으로 완전히 파멸되었다. 하지만 하나의 왕조만은 완전 타도에서 살아남았다. 그것이 다윗 가문이고 이 가문은 남은 유다 지파를 다스리며 수도인 예루살렘에서 권력을 이어갔다. 다윗 왕조는 특히 오므리 왕조 이후 다섯 왕조의 수도였던 사마리아 중심의 이스라엘 국가에게 이백 년 동안 열세를 면치 못했다. 722년 사마리아가 파괴된 후 다윗 가문은 이스라엘 전체를 통치할 권리가 있음을 다시 주장했다. 다윗 가문은 영토(territory)에 대한 통치권이 아니라 '이스라엘'로 명시된 '지파사회(tribal)'의 백성(people)에 대한 통치권을 강조했다.

2. 정치 중앙화와 집약 경제

최근 연구는 초기 이스라엘의 정착지와 왕정시대 이스라엘의 정착지가 제한적으로만 연속적임을 보여주었다. 대다수 산지 촌락은 철기시대 1B기나 철기시대 2A기에 버려지고 왕정이 장악한 지역 중심지—현대적 기준에서 보면 규모가 적은 '도시'—로 주민들이 몰려들었다. 이러한 중앙화는 외부의 위협과 강제 재정착이 동시에 작용하여 이루어진 것이다. 블레셋의 위협은 아마 이스라엘 왕정사회의 등장에 어느 정도 영향을 미쳤을 것이다. 그러나 커다란 중앙 정착지로 이주하도록 만든 정치적 불안정은 외부 세력뿐 아니라 이스라엘 왕정 자체와 연관이 있었다. 왕정은 정치적 안정은 물론이고 불안정의 원천이기도 하였다. 왕정은 계속되는 내부 갈등을 자극했고 외부 세력의 약탈을 대리했다. 그로 인해 파괴적인 토지 통합과 집약농업을 발생시켰다. 이스라엘의 왕권을 차지하려고 거의 항상 벌어지는 폭력적인 권력찬탈 투쟁이 이 시기를 가장 불안정하게 만든 주요 요인이었다. 더구나 외부의 안보 위협은 지역 정치에 외부가 간여한 오래된 패턴을 고려할 때만 의미가 있다. 이를테면 블레셋은 다윗(블레셋의 신하로 권력을 잡았음), 이집트는 여로보암, 페니키아는 오므리, 아람은 예후를 통해 내정에 영향력을 행사했다. 지방의 경제안정과 사회 안전에 관해서는 외부와 내부의 압력은 불가분의 관계였다. 철기시대 1A부터 2A시기까지 생긴 정착지 변화는 이스라엘의 왕들이 외부 위협에 성공적으로 대처하지 못했고 지역 지도자들이 내부 갈등을 잘 해소하지 못해서 결국 이후로 이스라엘의 생존에 영향을 주었다는 표시이다.

언제 이스라엘이 완전히 격식을 갖춘 나라가 되었든지 중앙화와 집약 과정은 사회적, 경제적으로 엄청난 변화를 일으켰다. 그것은 가장 이른 시기의 왕정국가에서 시작되었고 성서시대 내내 줄어들지 않았다. 다윗이 즉위하는 기사는 사울을 땅을 재분배하는 자로 묘사한다(삼상 22:7). 다윗은 저지대를 남부산지와 중앙산지에 편입시켜 이 유산을 아들에게 물려주었다. 확실히 다윗 가문은 아버지에 이어 아들이 실질적인 땅 재분배를 시행하였고 정치국가 이스라엘에서 처음으로 왕실 신하들을 지주 계층으로 만들었다. 오므리와 아합 시절 그리고 주전 8세기 이스라엘의 여로보암 2세와 유다의 웃시야 시절에 토지 통합은 집약적으로 이루어졌다.

토지 겸병은 농업체계의 혁신을 야기한다. 이것의 주요 측면은 예언서에 반복적으로 언급하거나 인용되어 있다(예, 사 5:8~10; 미 2:1~2). 규모가 큰 토지는 경제 이익을 비교할 때 집약농업과 특화농업에 좋은 여건을 마련해주었다. 포도주와 기름 생산은 산지에, 밀은 저지대에, 목축은 보다 건조지대인 변두리에 모여 있었다. 엘리트는 포도주, 기름, 밀 생산을 증대시켜 왕실의 이익을 위해 수출했고 그 대가로 사치품과 군수물자를 수입했다. 주전 10세기의 예루살렘과 두로, 그리고 주전 9세기의 사마리아와 두로가 맺은 관계처럼 해안 항구와의 무역협정은 수출입무역의 길을 터주었다. 수입의 혜택은 소수 엘리트에게 돌아간 반면 수출은 백성 다수에게 무거운 짐이 되었다. 특화농업은 지역의 예측불허한 기후와 더불어 전체 생산량의 위험을 증가시켰다. 이에 적응해야 하는 촌락 농가는 자급자족을 위해 다양한 농사를 함으로써 위험을 분산하는 전략을 쓰기 어렵게 되었다. 식량 공급이 줄어든 농가는 식품을 구하기 위해 시장에 나가야 했고 아울러 씨앗, 농기구, 수레나 쟁기를 끄는 가축 같은 생산수단조차 분리될 수 있어서 생존이 취약했다. 농부가 토지 소유권을 잃으면 소작인이 되고 지불해야 할 임대료와 사용료도 함께 증가했다. 농부가 금전적 필요가 생기면 전형적인 농경사회 풍경처럼 지주에게 이자를 주기로 약속하고 돈을 빌렸다. 부재지주가 늘어나면서 지주와 농민 사이의 다면적인 사회적 관계는 채무 때문에 채권자와 채무자라는 하나의 단순한 관계로 바뀌었다.

빈곤을 피하기 위해 가족의 가장은 농사짓는 가축, 아들과 딸 그리고 최종적으로는 자신까지 담보로 잡혀 채무노예가 되었다. 이런 자원마저 고갈되면 토지를 담보로 내놓았다. 생존을 위한 대부 계약은 촌락과 마을 법정에 위탁되었고 저당권 실행에 관한 판결은 점점 더 엘리트에게 유리한 방향으로 이루어졌다. 그래서 농민은 영구히 채무를 떠안고 노예로 전락하는 일이 빈번했고 엘리트가 소유한 땅에서 계절 따라 일하는 노동자 무리는 늘어났다. 왕실은 무역을 촉진시키기 위해 무게와 부피를 재는 도량형을 표준화하여 엘리트가 지역 시장에서 사용하려고 임의로 만들어낸 도량형과 경쟁하였다. 이러한 발전상을 보여주는 고고학적 증거는 시기에 따라 다양하게 나타난다. 그중에서도 주전 8세기와 7세기가 가장 두드러진다. 당시에는 산지와, 변두리 지역까지 확장된 집약 농업에 의하여 뒷받침된 거주지에 암반을 깎아서 만든 기름과 포도주 가공설비가 많았고, 이로 인해 구약 시기의 팔레스타인에서 총 인구가 가장 많았다.

3. 제국의 침략과 기원전 9세기~7세기의 국가

앗수르가 침략한 지 백 년 후 앗수르 제국과 왕들은 일찍이 이스라엘 왕들이 그랬던 것처럼 다윗 왕조의 힘을 위축시켰다. 주전 8세기 후반부터 2세기 후반까지 앗수르, 바벨론, 페르시아, 그리스의 지배를 받은 이스라엘 왕정의 통치권은 예루살렘과 그 주변으로 한정되었다. 이 소규모 식민지 통치권은 처음에는 봉신 왕정(vassal monarchy), 다음에는 유배된 왕정(exiled monarchy), 그것이 잠시 회복되었다가 다시 제사장이 통치하는 왕정(monarchic priesthood) 체제가 되었다.

이러한 정치적 발전에도 불구하고 정치의 중앙화와 경제 집중은 앗수르 시대에 절정에 이르렀다. 증거는 예루살렘의 히스기야 및 요시야와 관련이 있는 성서 본문, 앗수르 왕실 기록, 그리고 고고학 자료이다.

아주 오래된 지파의 친족관계가 얼마나 지속되었을까—친족 관계가 왕정하에서 어느 정도나 이어졌을까—와 같이 대답하기 어려운 질문은 이 시기를 통틀어 해 볼 수 있다. 많은 학자들이 친족 전통의 보수성을 강조하면서 왕정시대에도 초창기 지파의 정체성이 유지되었음을 보여주는 것으로 생각되는 비문의 증거를 지적한다. 어떤 이는 지파 관계가 페르시아 시대에도 계속 이어졌다고 생각하기도 한다. 직접적인 증거는 불확실하다. 후기 성서 문헌에서 지파 명칭을 사용하는 것은 대개 작위적이며 통상 지배층의 행정적 전략과 이데올로기를 보여준다. 물론 친족관계가 왕정과 맞서 지속적으로 기능했다. 그렇지 않다면 예를 들어 대가족의 역할과 힘을 약화시키는 신명기 율법의 다수는 무의미할 것이다. 지파 체제는 아마도 이스라엘에 계속 남아 있었을 것이지만 비교되는 증거를 보면 후기의 네트워크 및 연합과 초기 이스라엘 지파들 사이의 연속성은 개연성이 없는 생각처럼 보인다.

4. 바벨론 시대: 다윗 가문의 몰락과 유배

주전 7세기 후반에는 바벨론 군대가 이 지역을 휩쓸었다. 몇 년도 안 되어 예루살렘은 포위공격을 받았고 여호야긴이 다스리던 다윗 왕조는 바벨론으로 유배되었다. 거기서 포로 상태의 왕실로 존재했다. 예루살렘에서는 여호야긴의 삼촌인 시드기야가 왕이 되었다. 시드기야가 반란을 일으키자 도시는 다시 정복되었고 다윗 가문의 통치는 잠정적으로 종식되었다. 앗수르와 달리 바벨론은 팔레스타인의 통치에 거의 노력을 들이지 않았다. 주전 6세기 초에 일어난 바벨론의 침공은 사회적, 경제적 혼란을 일으켰고 이스라엘의 이전 영토 대부분은 황폐해졌으며 인구는 현저히 줄어들었다.

C. 식민지 이스라엘

고레스와 캄비세스가 통치하는 페르시아 제국 시대에 바벨론에서 명맥을 유지해오던 다윗 가문은 예루살렘으로 귀환했고 페르시아와 협력하여 지파 이스라엘(tribal Israel)의 이름으로 다윗 가문의 통치권을 다시 회복하려고 시도했다.

1. 제국의 예후드 지방과 살아남은 예루살렘

주전 6세기 후반 다리우스가 다스리던 때 다윗 가문의 통치권 회복 시도는 실패했다. 그 시기와 이유는 모른다. 그것은 성서역사의 핵심 미스터리이다. 다윗 가문의 왕들이 후기에 아주 축소된 산간지역 땅 정도를 다스렸던 유다는 페르시아의 예후드 지방이 되었다. 다윗 가문의 왕조는 무너졌지만 예루살렘은 행정 중심지로 남았다. 대다수 왕조의 중심지는 왕조의 몰락과 함께 붕괴되는 것을 감안한다면 놀라운 일이 벌어진 것이다. 다윗 가문의 통치권은 직분을 세습하는 제사장들에게로 넘어갔다. 그들의 합법적 지위는 다윗 왕조의 이름을 생생하게 간직하는 일에 달려 있었다. 증거를 보면 페르시아 출신 총독이 임명되었고 에스라와 느헤미야 같은 제국의 특사들은 페르시아의 영향력을 행사했다. 성서 본문은 이들이 다윗시대의 성전을 재건했고 예루살렘 성벽을 다시 쌓았다고 말한다. 이 사건의 연대기는 논란이 되고 있다. 예루살렘 성전이 예후드 사회와 경제를 얼마만큼 통제했는지 그리고 느헤미야서에 묘사된 예후드 사회의 재정비가 얼마만큼 역사적이었는지도 마찬가지로 논란이 되고 있다. 기존에 정착하여 살던 주민들은 제국에서 귀환한 사람들이 권력을 행사하는 데 반감을 가졌을 것이 틀림없다고 말하는데, 양측의 사람 수가 적어서 이런 갈등의 심각성은 제한적이었다.

성서는 예루살렘을 우주적 의미를 지닌 영광스런 도시라고 선전하지만 그곳은 나머지 예후드 지방과 함께 이백 년 동안 규모도 줄고 포로 전기 인구의 십분의 일 정도밖에 안 되는 적은 수의 주민이 살았던 곳이었다(느헤미야와 동시대 사람이었던 그리스 역사가 헤로도투스는 예후드를 언급조차 하지 않는다). 그러나 지역 수준에서 보면 페르시아는 굉장한 영향력을 미쳤다. 예루살렘 성전에서 작성한 성서모음집 전체는 페르시아 정권에 충성스런 모습을 보여주기 위해 재작성되었다. 페르시아의 공용어인 아람어는 그 지방에서 사용하는 공통어가 되었다. 팔레스타인 역사에서 대중의 언어가 바뀌는 것은 아주 드문 사례이다. 이 지방의 성서 작성 언어였던 히브리어 문자는 아람어 문자로 바뀌었다.

2. 사회와 정치경제

페르시아 제국은 육상 무역과 조공으로 번성했다. 캄비세스와 다리우스가 다스리던 시절에 제국은 이집트까지 확장했으나 주전 6세기에는 국경선이 이스라엘까지 물러났다. 새로 고안해낸 화폐와 새로 보수한 도로망의 효과는 크지 않았지만, 해상 운송은 엄청난 이익을 가져다주었다. 페르시아 제국 안에서 화폐는 대부분 과거에 한때 그리스가 다스린 적이 있던 지역에서만 발견되다가 늦은 속도로 다른 지역에서도 발견되었다. 화폐 사용은 상업적 목적만이 아니었다. 중량을 재는 기준은 열다섯 종류나 사용하였다.

이 시기의 지배적인 정치 상황은 팔레스타인의 지중해 해안을 경계로 나뉜 페르시아와 그리스의 영향력이 오랫동안 대치하는 상태였다. 이 경계선 지역에 미친 사회적, 경제적 결과는 예루살렘과 그 주변에 결정적이었다. 예후드 사회의 엘리트로 통치하던 제사장 가문들은 토지 겸병과 상품 거래라는 오랫동안 지속되어온 패턴을 이어갔고 여기에 덧붙여 노예무역을 증진시켰다. 이런 관행은 그리스 지역 가문과의 혼인을 통해 심화되었고 에스라와 느헤미야는 이 관행을 중단시키기 위해 파견되었다. 통혼 금지는 인종적 또는 종교적 배타성보다 경제적, 정치적 이권싸움 때문이었다. 제칠일의 안식일은 페르시아가 예루살렘의 교역에 대한 통제를 강화하려는 의도에서 제정되었고 조공관계를 유지하기 위한 목적이었다. 예루살렘에 잠재적으로 반대하는 족장 중심의 네트워크는 가장과 촌락 집단을 전략적으로 나눔으로써 와해되었다. 토지를 소유하면서 무역하는 채권자 집단을 약화시키기 위해 채무를 선별적으로 탕감해주었고 이는 대중의 지지를 이끌어냈다. 이 모든 정책은 느헤미야서에 반영되어 있다.

D. 로마제국과 왕정 및 점령된 이스라엘

이스라엘이 자치권을 되찾은 것은 하스몬 가문이 통치하던 때부터다. 그러나 머지않아 이 자치는 로마와의 동맹에 의지하게 되었고 로마는 백 년 동안 후원한 뒤 이스라엘 내정에 직접 간섭하여 헤롯 왕조를 세웠다. 주후 1세기 동안 헤롯 가문이 예루살렘에서 제국의 평화를 유지하는 데 실패하자 그것은 폐지되었고, 이때 예루살렘에서 다윗 성전과 그 계승자로 구현되는 천 년간 지속되어온 이스라엘의 자치권은 종식되었다. 복음서에 반영되어 있듯이 로마가 팔레스타인을 지배한 초기의 제국 통치는 계층을 극단적으로 분리시키는 것은 물론이고 토지 겸병, 집약농업 그리고 시골의 빈곤 등 왕정국가 시절의 이스라엘에서 벌어졌던 사례들을 발생시켰다.

E. 결론

예루살렘에서의 이스라엘 자치구역의 계승과 제국 시대에 이것이 점차 중요해진 점 그리고 유대교와 기독교라는 두 가지 수정된 형태의 제의가 존속하게 된 것은 주로 고대로서는 아주 특이하게 역설적으로 결합되어 있는 두 가지 요인 때문에 생긴 것이다. 하나는 왕정 체제로든 제사장 세습 체제로든 다윗 가문과 그 중심지인 다윗 성 예루살렘과 성전이 아주 오랫동안 존속해왔다는 사실이다. 다윗의 명칭이 오랫동안 이어진 것은 오므리 왕조가 사라지고 다윗 왕조가 살아남았다고 주장한 일과 함께 시작되었다. 그때 예루살렘에서는 오므리 왕조가 통치하던 짧은 시기가 끝나고 버려진 아기를 다윗의 혈통이라고 주장하였다(왕하 11:1~2). 더욱 중요한 사실은 예루살렘을 창건한 왕조는 주전 6세기 후반과 5세기 초에 종식했음에도 불구하고 그 도성은 존속했다는 점이다. 두 번째 요인은 왕과 율법의 계시를 오래도록 분리해온 전통이었다. 다시 말해서 통치권(다윗 가문의 지배)과 헌법(모세의 율법)은 연결되어 있으면서도 구별되었다는 것이다. 이 특이한 전통은 예루살렘 중심으로 통치하던 천년 내내 유지되었는데 이는 다윗 성전과 율법이 이스라엘이란 이름으로 정치적 변동 상황을 극복해왔다는 것을 의미한다. 이러한 분리의 뿌리는 이스라엘이 지파적 왕정제(tribal monarchy)가 되던 이스라엘의 초창기 역사에 놓여 있었다. 왕정의 권리는 그것이 다스린다고 주장하는 지파적 요소에 의해 지속적으로 제한되었다. 이처럼 이스라엘의 지파 개념은 결코 사라지지 않았다.

참고문헌

David C. Hopkins. *The Highlands of Canaan* (1985).

Paula M. McNutt. *Reconstructing the Society of Ancient Israel* (1999).

Kurt L. Noll. *Canaan and Israel in Antiquity: An Introduction* (2001).

3

'땅/토지'[1]

땅/토지는 성서 세계에서 태양, 비와 함께 식량을 생산하는 데 가장 우선적으로 필요한 물리적 자원이었다. 땅/토지는 식량을 생산하는 대다수 사람들과 그렇지 않으면서도 그 혜택을 누리는 소수의 지배자들에게 각기 다른 의미를 지녔다. 생산자는 토지 사용권, 기후, 토양, 지형에 의미를 두었다. 생산 활동을 하지 않는 자는 정복, 강요, (특히 채무의) 조종, 결혼을 통해 땅/토지를 넓히고 임대를 주어 세금을 거두고 땅을 굴리는 권한을 행사하려고 애썼다.

역사

팔레스타인에서 주요 땅/토지 이용자는 시골에 정착하여 식량을 생산하는

---

1 Robert B. Coote, "LAND," *The Oxford Encyclopedia of the Bible and Theology*, vol. 2: 27~33, ed. by Samuel E. Balentine (New York: Oxford University Press, 2015). 이 글은 옥스퍼드 출판사의 허락을 받아 번역, 수록함.

가정들이다. 그들은 강우 농업에 의존하였는데, 불확실한 강우량과 엘리트가 지우는 부담으로 불안정하였다. 땅/토지는 배당 형식에 따라 남성중심 가정이 세 가지 방식으로 소유하였다. 경작지 토지사용권의 **공동**(communal) 경작지는 제비를 뽑아 정기적으로 재분배하였다. 이렇게 하면 목초지로 삼을 휴경지 확보에 도움이 되고 지역주민의 유대감도 증진되었다. **사유지**(proprietary)는 자유로운 토지 소유권과 비슷하고 매매나 증여로 이루어진다. 전형적으로 포도원과 과수원 그리고 개인 정원처럼 장기투자가 필요한 땅이 여기에 해당되었다. 통치자가 수여한 토지는 정상적으로는 영구히 소유하지만 상황이 나빠지면 수여자가 변덕을 부려 가차 없이 소유권을 거두어들였다. 증거는 드물지만 고대 중동의 다른 지역들처럼 성전 토지는 때때로 녹봉토지로 하사되었으나 사유지로 바뀌곤 했다. 공동 경작지에서 멀리 떨어진 곳은 목초지로 사용하기도 하였다. 각 토지 분배 형태는 주로 생산에 참여하지 않는 자들이 관심을 갖는, 보다 넓은 영토의 수여와 유사하였다. 영토는 하나님이 수여하시지만 결국은 정복을 통해 얻었다. 영토의 수여를 성서는 가장 중요하게 여겼다.

고국은 '출생지'(히, môledet 몰레뎃)이거나 '우리 조상의 땅'(헬, patria 파트리아), 특히 조상이 묻힌 땅이었다. 토지 소유는 지역에서는 가정이나 혈족의 묘소, 지방에서는 성인의 묘소, 국가의 영토로는 성전과 왕조의 묘소를 중심으로 정기적인 제의나 종교적 관습을 통해 결정했다.

지역의 토지 사용은 식량 생산의 범위, 강도, 성격에 영향을 주는 폭넓은 정치경제와 맞물려 있었다. 정착지는 정기적으로 확대되거나 줄어들었는데 그것이 고대중동의 특징이었다. 그것은 기후나 지형보다는 정치 전략과 정치 상황의 변동 때문이었다. 작물 재배와 가축 사육은 주로 비생산자가 일으킨 정치적, 경제적 압력과 기회에 따라 결정되었다. 가장 큰 압력은 채권자가 채무를 주어 원금상환이 어려운 생산자에게 저당권 행사를 하여 토지 소유를 힘들게 만드는 일이었다. 농경사회에서 끊임없이 반복되는 이 과정은 토지 통합과 집약농업(latifundialization; 대토지화)을 유발시켰다. 농사를 짓는 가정에게 유리한 혼합영농은 비생산자가 농산물 교역을 통하여 생산자에게는 거의 쓸모없는 사치품이나 군수물자를 들여오는 데 유리한 상품생산으로 대체되는 경향이 있었다. 비교우위의 원리에 따라 저지대는 곡식을 심었고, 산지는 포도와 올리브를 재배하였고, 건조지대는 양과 염소를 사육했다. 생산자가 노예가 되거나 토지를 잃어버리는 일은 재앙이나 다름없었다. 성서는 이런 일을 빈번하게 묘사한다(예, 왕하 4:38~41; 미 3:1~2). 토지 합병 제도는 식량은 풍부하게 생산할 수 있지만 생산자는 시장에서 아주 불리한 가격으로 구매하거나 분배받았다. 극단적인 경우 토지 통합은 생산자를 격오지의 가축 사육으로 내몰았다. 대토지화는 생산성을 좋게 만들지만 곧 정체하게 만들었다. 이러한 양상은 산업사회 이전의 전 시대에 영향을 주었다. 생산자는 생산을 증대시킬 동기가 없고, 반면에 전쟁을 일삼는 비생산자는 생산을 증대시킬 방법을 몰랐기 때문이다.

지파 이스라엘(tribal Israel)

대략 기원전 12세기와 11세기, 철기시대 초기의 고고학 증거는 특이하게도 지배세력이나 중앙권력이 없는 상태에서 다양한 방식으로 혼합영농을 하면서 자급자족하는 산지 촌락들이 늘어났음을 보여준다. 그것은 농지통합과 집약농업의 압력으로 농사짓는 데 필수 요소인 사회적 안정을 제공해준 초기 이스라엘의 지파 정치가 궁지에 몰렸다는 것을 의미한다. 이스라엘로 알려진 지파연맹은 이렇게 정착지가 확산되기 이전에 이미 형성된 상태였다. 그것은 유일하게 군주시대 이전의 이스라엘을 언급한 주전 13세기 후반의 메르넵타 비문을 볼 때 분명하다. 그 당시에 이스라엘 땅을 무엇으로 생각했는지는 알려져 있지 않다. 이스라엘 자손은 전형적인 지파 체제를 구축하고 있었다. 그것은 실제든 가상이든 호혜적인 혈연관계에 뿌리를 내린 네트워크이며 왕정 체제 반대라는 정서를 표방했다. 그들은 도시 세력에 반대하기도 하고 도시세력의 파트너가 되기도 했다. 이스라엘이 영향을 미친 범위는 모른다. 아마 광범위하였을 것이고 다양했음이 확실하다. 지파 연합체가 관리하는 영토와 사회질서는 일종의 자치령(dominion)으로 보아야 하며 그것이 없었다면 초기 이스라엘의 정착지 확산은 이루어지지 못했을 것이다. 이 자치령은 이스라엘의 신, 야훼의 제의를 통해 인준을 받았다. 그 신은 벧엘이나 실로에서 섬기던 가나안 엘(El) 신의 모습을 하고 있었다. 이스라엘 땅의 통치권을 주장하는 이후의 모든 주장은 바로 이 자치령을 언급한다.

지파적 왕정 체제(tribal monarchies)

지파 이스라엘의 중앙 집중에 대한 저항은 아주 오랫동안 지속되었다. 지파적 왕정 체제는 특이한 현상이 아니었다. 시간이 흐르자 이스라엘 군주제가 사울이나 그 이전에 형성되었고 이와 더불어 농사를 짓지 않는 자들이 토지에의 접근과 사용을 왜곡하는 일이 벌어졌다. 왕정은 이스라엘 자치령에서 안전보장을 약속하고 농산물을 세금으로 거두면서 노동(강제부역) 징발권을 행사했다. 왕정 체제가 정의로운 통치를 보장한다는 입장에 대하여 지파는 항상 의구심을 가졌다. 이런 양상은 이스라엘에서 성서가 형성되는 시기 내내 이어졌다. 이와 같은 경계심은 직접적이든 간접적이든 예언자들의 태도에 구체적으로 나타나 있고 왕궁에서 작성된 예언문집에 포함되어 있다. 왕정 체제는 왕실이 이스라엘을 소유한다고 주장하였고 그래서 세습되었다. 즉 왕실은 대를 이어가면서 이스라엘을 소유하였다.

이스라엘 왕의 통치권은 어느 영토를 무력으로 정복하거나 (외부 세력의 원조에 힘입어) 강압적으로 확립하였다. 혹은 그런 방식으로 그 영토를 소유한다고 주장하여 반대자들의 소유권 주장에 대항했다. 지파의 장로들은 때에 따라 왕정의 정당성을 수긍했다. 통치권은 성전 신이었던 바알(Ba'al)의 모습을 띤 야훼가 도시를 배경으로 차용한 제의를 통해 보장되었다. 신의 허락을 받는 일은 예언자가 왕을 지명하는 것으로 실현되었다. 그것은 지파의 간섭을 용인하는 놀라운 일이었으나 실은 그 대가로 지파의 자치령을 확보했다. 그러나 영토의 통치권을 예언자가 승인했다는 기록은 왕이 거주하는 도성의 궁전과 성전에 보관되었다. 가장 오래 존속하였고 지금은 가장 잘 알려진 곳이 예루살렘 성전이었다. 그것은 다윗의 성에 있는 다윗 가문의 재산이었다. 다윗 혹은 그의 아들 솔로몬이 지은 이 성전의 권위를 높이는 것은 예언서의 주제가 되었으며, 그 이름은 기원전 20년쯤 헤롯 대왕이 지은 거대한 성전 건축물이 기원후 70년에 파괴되기까지 지속되었다.

지파 전통의 영향력 때문에 그리고 강대국이 힘을 겨루는 장소이기 때문에 이스라엘 왕의 통치권은 흔들렸고 불확실했다. 이스라엘의 왕조들은 단명하여 겨우 한두 세대 존속했다. 예외적으로 오므리 왕조가 세 세대, 예후 왕조가 다섯 세대를 계승했을 뿐이다. 왕조들이 경험한 두 가지 상황이 군주가 이스라엘 영토를 다스릴 권리가 있다고 주장하는 성서기사를 작성하는 데 주도적 역할을 했다. 첫째는 다윗 왕조가 이스라엘 왕으로서의 지위가 전복된 후에도 사백 년 동안 예루살렘과 바벨론에 살아남은 상황이다. 둘째는 기원전 722년에 앗수르에게 사마리아가 함락되어 기원전 2세기까지 전에 이스라엘 자치령이었던 곳에 대한 이스라엘 왕조의 통치권 주장이 끝나버린 상황이다.

사마리아의 함락은 다윗 가문의 존속과 더불어 다윗 가문이 이스라엘의 자치령을 통치할 권한이 있다는 영토수복론을 다시 주장할 수 있게 해주었다. 영토의 통치권이 수복이나 재정복 주장으로 발전하는 것은 특이한 일이 아니다. 왜냐하면 정권이 통치권을 무한정 온전히 지켜낼 수 없기 때문이다. 다윗 가문은 오랫동안 지속되었으나 정치 국가 이스라엘에 대한 통치권과 이스라엘 사람이 다스리는 자치령은 겨우 두 세대 동안 지속되었다. 그것이 다윗과 솔로몬의 통치였다. 이스라엘에 대한 재정복 주장은 늦어도 8세기 후반의 히스기야와 7세기 후반의 요시야 시대에 나타났다. 두 경우 모두 성전 정화와 제의의 급진적인 중앙화 및 사회정치적 중앙화 계획이 필수적이었다. 종종 고대

중동에서 벌어진 것처럼 그 계획은 식량생산자가 잃어버린 땅을 되찾게 해주는 채무면제 조치와 토지 통합을 반대하고 대가족을 약화시키는 조치들이 포함되었다. 정치적 야심의 일환이었던 히스기야의 재정복 주장은 앗수르의 방해를 받았다. 정확한 상황은 논의 중에 있으나 요시야도 같은 주장을 펼쳤으나 실패했다. 예루살렘은 기원전 598년에 느부갓네살에게 무너졌고 여호야긴 왕의 왕실은 바벨론에 포로로 끌려갔다. 기원전 587년 예루살렘은 두 번째로 파괴되고 그곳을 다스리던 여호야긴의 삼촌이 죽은 뒤 여호야긴은 다윗 왕조의 주장을 계승하였다. 이것은 다윗 왕실의 후손들에게서 나온 본문들에 나타나 있다. 이 주장은 기원전 5세기까지 지속되었고 페르시아가 지배하던 중간에 사라졌다.

페르시아, 그리스, 로마 시대

페르시아와 그리스가 다스리던 약 삼백 년 동안 이스라엘의 명목상 영토는 예루살렘과 인근의 소규모 유다 지방에 국한되었었다. 이스라엘의 자치령은 주인 없는 상태가 되었다가 하스몬 왕조 때인 2세기 말과 1세기 초에 걸쳐 점차 회복되었는데, 그것은 지금도 하누카 축제로 기려지는 성전의 재건에 의하여 촉발되었다. 이스라엘인이 다스리는 영역으로는 가장 큰 규모였을 영토는 기원전 67년에 로마에 그리고 기원전 39년부터 기원후 70년까지는 로마의 신하인 헤롯 왕가의 수중에 떨어졌다. 제1차 유대 전쟁에서 로마 통치에 맞서 일어난 무장봉기는 온 땅을 초토화시켰고 그 결과 예루살렘과 성전은 함락되고 이스라엘인의 통치권은 또 다시 문제가 되었다. 기원후 135년 두 번째 유대 전쟁에서 패배한 뒤 랍비 지도자들은 성서에 이스라엘 소유로 묘사된 영토 일부에서 2세기 전 이스라엘 중심지에 뿌리를 내렸던 사마리아 제의에 맞서 로마의 감독 아래 짧은 기간 동안 통치권을 행사하였다. 랍비 통치 중에 미쉬나가 만들어졌다. 미쉬나는 자기 땅에서 사는 유대인의 삶을 지배하는 율법을 더욱 세밀하게 규정한다. 그러나 거기에서의 성전 중심지는 실제적이라기보다는 관념적이다. 유대 전쟁에 이어서 기독교회가 생겨났다. 그들은 예수의 몸이 아닌 매장 장소를 알고서 하나님의 영토로서의 땅에 대하여 점차 다른 접근법을 사용하였다. 이론상 여기서 모든 것이 파생한다. 결국 그리스도의 이름으로 어느 지역으로든 영토를 확장할 준비가 된 제국의 황제와 군왕들을 사실상의 수장으로 삼는다.

성서

성서는 왕실이든 제사장이든 식민지든 주로 식량을 생산하지 않은 자들의 정치를 반영하고 있으므로 땅은 주로 영토를 나타낸다. 영토의 범위는 통치자의 외부 혹은 내부 권력의 변화에 따라 끊임없이 달라졌다. 이것이 성서의 이스라엘 영역(예, 창 15:18; 민 34:1~15)에 대한 묘사 혹은 그 일부가 크게 변하는 이유이다. 또 다른 이유는 그런 묘사가 도시에 초점을 둔 선언으로서 선전 목적이거나 가상의 것이기 때문이다. 성서는 이스라엘 연맹이나 왕이 다스린 땅을 어떤 특정한 영토로 정확하게 묘사하지 않는다. 특정하게 묘사하는 내용은 모두 다윗 왕정시대에 유래한 것이고 공통되는 한 가지 요소는 초기 이스라엘에서 나온 이론적 전제로서 이스라엘의 영역이 지파 영토의 총합이라는 것이다(예, 수 13~19장; 겔 47:13~48:29). 이스라엘 지파 제도가 당시에 어떤 형태의 사회적 현실을 가리키든 언제나 그랬다.

성서의 가장 흔한 토지소유 형태는 토지 수여, 특히 지역 영주나 하나님의 토지 수여이다. 히브리 성서는 대부분이 궁전이나 성전 문서이기 때문에 이것은 놀라운 일이 아니다. 히브리어 수여(naḥlâ)와 그 동족어 동사는 '상속, 상속하다'는 의미로 발전했고 수여받은 땅은 상속되는 것이 관례가 되다시피 했기 때문에 종종 그렇게 번역되었다. 지방에서 제비를 뽑아 땅을 재분배하는 관행은 여러 구절이 암시하고 있다(예, 미 2:5; 시 16:5~6; 125:3). 정기적이든 일시적이든 채무면제의 선포는 채무 때문에 차압당할 위기에 처한 생산자의 토지 보유를 촉진시켜주었다. 토라와 예언서가 모두 이것을 중요한 주제로 삼고 있다(예, 출 21:1~11; 레 25:8~55; 신 15:1~18; 사 5:8~10).

야휘스트 문서층(strand)

이스라엘 영토에 관한 최초의 표현은 창세기, 출애굽기, 민수기의 야휘스트 문서층에서 볼 수 있다. 다윗 왕실이 작성한 그 문서층을 다수 학자는 토라 내러티브의 토대로 여긴다. 그 땅은 가나안이다. 이 명칭은 신왕국 시대 이집트의 일부를 가리켰던 것 같고 신화적으로 젖과 꿀이 흐르는 땅으로 여겨진다. 말하자면 곡식을 거의 재배하지 않는 땅을 말한다(사 7:14~25를 보라). 왜냐하면 도시에 거주하는 가나안인과 목축하는 이스라엘인만 거주하기 때문이다. 야훼는 왕이 토지수여를 서약하듯이 이 땅을 이스라엘의 조상 아브람과 나중에 이스라엘에게 수여한다(창 12:7; 13:14~17; 28:13~15). 여러 족속들이 살고 있는 그 영토는 벧엘 산지에서 보이는 땅으로 모호하게 정의될 뿐이다. 동시대에 나타난 이 영토의 문구, '단부터 브엘세바까지'(예, 삿 20:1; 삼상 3:20; 삼하 3:10)는 이스라엘 영역의 경계선이 되는 국경 제의의 명칭이었을 것이다. 아브람은 팔레스타인에서 언젠가 세겜에서 그리고 벧엘에서 야훼 제의를 거행함으로써 이 땅 수여를 확인한다(창 12:7~8). 또 다른 전승에서는 아브람을 헤브론에 매장했다고 보도한다. 이곳은 다윗을 왕으로 삼은 도시이다(창 23:17~20; 25:9~10). 수여한 땅은 목초지 이상의 의미를 지니며 그래서 기대감을 일으킨다. 그것은 이스라엘 백성이 이집트 노예로 있다가 도망하여 광야를 지나서 땅을 소유하는 사건을 대망한다. 내레이터가 이 땅 소유 사건이 어떻게 진행되었는지에 관해 얼마나 알고 있었는지는 불확실하다. 왜냐하면 땅에 도착하기 직전에 도망자 무리를 축복하는 내용으로 이야기가 끝나기 때문이다(민 22:41~24:19). 정복에 대한 유일한 단서는 나중에 신명기 역사가의 정복 이야기를 통해 소개된다(수 1:1~12:24).

이스라엘에서 다윗 가문이 타도된 후 J는 비(非)다윗계열 어조의 문구(소위, JE)를 추가하여 보충되었다. 영토 통제를 인준하는 제의는 여러 곳으로 확대되었다. 이스라엘 영토의 범위는 이스라엘 왕들이 보통 유다의 통치를 인정하려 하지 않았기 때문에 개정되지 않았다.

신명기 역사

토라에서 대망하는 것, 즉 외부인이 가나안을 완전히 소유하는 일(예, 창 12:1~7)은 예언서의 첫 번째 책인 여호수아서[2]에서 정복과 식민지화로 성취된다. 고대의 부분들이 포함되어 있긴 하지만 여호수아 이야기는 이스라엘의 통치권을 회복하려는 다윗 가문의 시도로 생겨났다. 다윗 가문이 이스라엘의 통치를 인정하기 꺼려했다는 표시이기도 하다. 땅을 소유하는 데 의무적으로 지켜야 할 율법을 기록한 신명기(예, 4:1~2, 25~27; 5:29~30; 6:10~19; 11:8~9, 13~17)에 이어 여호수아서는 신명기부터 열왕기하까지(룻기 제외)의 성서로 이루어진 신명기 역사(DH)의 서두이다. 말하자면 신명기 역사(DH)는 이스라엘 영역에 대한 다윗 가문의 통치권을 주장한다.

사마리아가 몰락한 뒤 다윗 가문은 이스라엘에 대한 통치권 주장을 회복하려는 의도로 여러 자료를 통합하여 지금과 같은 신명기 역사의 줄거리를 만들었다. 모세가 전한 율법과 언약은 JE와 달리 정치국가 이스라엘의 가나안 땅 소유가 야훼 하나님에게 순종하는 여부에 달려 있다(신명기)고 말한다. 여기에 가나안 정복, 사사기에 간헐적으로 구원자가 등장한 시대의 무익한 지방분권

---

2 현재 기독교권에서는 구약성서를 율법서, 역사서, 예언서, 문학서로 나누는 것이 일반적이다. 그러나 전통적으로는 율법서, 예언서, 성문서로 나누었다. 전자의 분류법에 따르면 여호수아서는 역사서의 첫 번째 책이 되지만, 후자의 분류법에 의하면 예언서의 첫 번째 책이 되는데, 저자는 후자의 분류법을 따랐다—옮긴이.

적 통치, 예루살렘의 중앙 제의와 통치를 통한 정치적 위협과 혼란의 해소 이야기(즉, 신명기 역사의 나머지는 사울이 왕으로 선택된 일, 다윗의 왕권 찬탈, 솔로몬의 계승과 성전 건축, 여로보암의 유감스러운 이스라엘 분열, 다윗 왕조와 이스라엘 왕조가 적대시하거나 혹은 동맹을 맺은 사건들, 엘리야와 엘리사가 선포한 대로 오므리 왕조가 몰락한 일, 사마리아의 패망, 그리고 히스기야의 통치 기사 일부)로 구성되어 있다. 기본적인 주제는 지파 이스라엘이 그 땅을 정복하고 지키는 일은 야훼의 명령에 순종하는 여부에 달려 있다는 것이다. 야훼는 이스라엘 백성에게 오직 한 장소에서 제의를 거행하라고 명령하셨다(신 12:1~14). 그 명령은 오직 예루살렘에서 다스리는 왕만이 실행에 옮길 수 있는 것으로 드러난다. 다윗은 그곳을 정복했고 솔로몬은 거기에 제의를 설치했다.

다윗 가문이 이스라엘의 대부분 영역에 대한 통치권을 상실한 것이 잠정적으로 정당하다고 할지라도 이스라엘 왕들이 야훼의 배타적 제의의 원칙을 위반한 행위는 정당화되지 않는다. 그 왕들은 왕실의 교체와는 거의 상관없이 '여로보암의 죄' 즉 하나님의 중앙화 법을 따른 예루살렘의 신성한 특권을 경멸한 죄를 범한 것이라고 일률적으로 정죄된다(왕상 15:30; 16:2, 19, 26). 여호수아의 정복과 식민지화 사례가 예고하듯이 다윗 가문이 이스라엘의 영역을 회복하는 것만이 이스라엘의 영역을 이스라엘 사람들이 보존하는 길이다.

다윗 왕조의 영토수복 계획은 이렇게 이스라엘의 과거사에 투영하여 아브람과 이스라엘이 수여받은 땅인 가나안을 무력으로 정복하고 식민지로 삼았다고 기록한다. 모세가 임명한 후계자 여호수아는 명목상 지파의 지도자이지만 사실상 왕이나 다름이 없다. 그 이야기가 생성된 역사적 상황은 팔레스타인에 이스라엘이 처음 등장하던 철기시대 초가 아니라 앗수르 시대에 제국의 변두리에서 소멸되지 않고 끈질기게 남아 있던 이스라엘의 왕정으로서 다윗 왕가가 품은 희망에 자리 잡고 있었다. 신명기 역사는 가나안 사람들이 그 땅에 살고 있었다는 J의 땅 개념을 받아들였다. 여기서 가나안 사람들은 당시에 왕실의 특권을 침해하며 끊임없이 전쟁하고 교역하는 계층과 농사짓기에 좋은 땅에 세워진 도시들에 거주하는 다른 족속들을 가리킨다. 신명기 역사는 요단강을 경계로 삼고 있는데 그것은 정해진 것이 아니며 절대적이지도 않다(예, 신 1:1; 수 1:1~2, 10~15; 3:1~5:12; 13:1~13; 22:1~34). 그것은 앗수르의 행정 정책을 반영한다. 요단강이 그 지역 주민 가운데 경계선 역할을 한 적은 거의 없다.

히스기야 왕실에서 유래한 이 다윗 통치권의 역사는 적어도 두 차례 개정되었다. 첫 번째는 요시야의 왕실이다. 이 시기의 개정은 가장 뚜렷한 작문 흔적을 남겼다(왕상 13:1~3; 왕하 22:1~23:25). 두 번째는 포로기의 여호야긴 혹은 그의 후계자에 의한 것이다(왕하 25:27~30). J처럼, 영토 수복 계획의 성취는 적어도 성서에 나타나는 한, 히스기야 판본에는 없고 요시야 판본에는 퇴색되어 있다. 요시야는 이스라엘의 제의를 공격했지만 이스라엘 영역을 차지한 것으로 마무리되지 않는다. 요시야가 앗수르와 동맹을 맺었든 반대했든 앗수르 세력과 이집트 세력은 그 계획의 성취를 어렵게 만들었다.

후기 예언서

이어지는 바벨론의 정복은 이 계획의 성취를 한동안 불가능하게 만들었다. 여호야긴의 지도 아래 이 계획은 새로운 형태가 되어 현재 후기 예언서가 된 보조 문헌 속에서 예루살렘의 영광을 강조하였다. 신명기와 같은 사상과 문체로 작성된 예레미야서의 땅 개념은 포로로 잡힌 통치계층이 모세 언약을 위배했기 때문에 땅을 상실한 것이라는 사실을 깨달을 때 비로소 땅을 회복할 것이라는 예언자의 해석을 전한다. 이제 포로로 잡혀 온 사람들의 역할은 바벨론에서 지내는 삶을 통해 이 사실을 깨달은 증거를 보여주는 일이다(예, 렘 24; 29; 32).

에스겔서의 제사장적 비전은 다윗 혈통의 지도자 아래 유다와 이스라엘이 연합하여 이스라엘 영역을 회복하는 일로 묘사된다(겔 34:23~24; 37:15~28). 그 영역은 지극히 관념적이다. 요단강부터 지중해까지의 땅을 동서로 이어지는 경계선을 따라 열세 개의 띠 모양의 구획으로 나누어 열두 지파에게 하나씩 할당하고 나머지 하나는 새로운 성전과 성전에 인접한 도성에 할당한다(겔 47:13~21; 48:1~35). 대다수 해석자들은 이 도시가 예루살렘이라고 보지만 각 구획의 중심지와 그것이 성전과 분리되어 있는 모습은 또 다른 가능성을 시사한다. 에스겔의 개념은 요단강을 경계선으로 보는 신명기 역사가의 개념과 이론적인 평등주의 사상에 힘입은 것이다. 에스겔의 관념주의는 토라의 제사장 문서층이 보여주는 것과 흡사하다. 거기서 경작지는 7년마다 휴경하여 안식년을 지켜야 한다(레 25:1~7). 이것은 팔레스타인의 농사법으로는 가망성이 없다. 6년째 농사에서 이모작을 해야 하는데 기후조건이 이를 뒷받침해주지 않는다는 단점이 있기 때문이다. 마찬가지로 제사장 문서층은 정기적인 채무면제를 7년에서 49년으로 늘리는데 이것은 사실상 대다수 농사꾼이 저당 잡힌 땅의 소유권을 평생토록 회복할 수 없게 만든다(레 25:8~55).

후기 예언서의 다른 책들 그중에서도 특히 이사야서는 일차적으로 예루살렘에 초점을 맞추어 땅의 회복을 대망한다(사 2:2~4; 12:1~6; 35:1~10; 40:1~55:13; 59:20; 60:1~61:7; 62:1~12; 65:17~25; 66:5~13; 욜; 미 4:1~4; 습 3:14~20; 학; 슥). 영토의 통치권은 바뀔 수 있으므로 주권을 생성시키는 제의 중심지는 신성하고 확실한 중심점을 제공하며 제국들은 그것을 차지하려고 한다(사 41:2~4; 44:24~45:7).

토라와 예언서

토라의 영토 개념은 범주적이고 미래를 기정사실화하며 모호하게 표현되어 있다. 예언서의 개념은 조건적이며 성취가능하고 관념적이다. 토라는 예루살렘을 언급조차 하지 않으나 예언서에서는 예루살렘이 빛나는 구심점 역할을 한다. 토라와 예언서에 나타난 이 두 가지 지배적인 땅 사상은 땅에 관하여 거대한 개념 분리를 만들어냈다. 토라는 이스라엘이 땅 밖에 있으며 예언서는 땅에 사는 이스라엘에게 권고한다. 결국 하나님의 땅 수여는 절대적이기도 하고 조건적이기도 하다. 토라에서 그것은 정해져 있지만 미래에 일어난다. 예언서에서는 조건부이며 다윗 특히 시온에게 수여하였음을 강조한다. 이 이분법이 지니는 궁극적 의의는 토라 자체를 보존하는 일에 있다. 그 안에서는 정권(regime)이 명시되지 않은 하나의 백성이 언급된다. 그 정권에 대한 언급은 예언서로 넘어간다. 이러한 구별을 통해 토라는 정권이 연속적으로 계승되는 상황에서 영원히 적용할 원리가 되었다.

신약성서는 시온의 중앙에 위치한 성전의 전복과 다윗의 혈통을 이은 왕이 주장하는 영토의 권리가 전복되는 것을 함께 증언한다. 그 권리는 그가 우주의 통치자로 다시 돌아올 때 회복될 것이다. 새 이스라엘은 땅이 아니라 언약에 기초를 둔다. 그 언약은 땅 밖에서 전해진 토라의 개념이다. 이것은 정경 안에 묘사된 바울의 통치사상(롬 4:1~5:2; 갈 2:15~5:1)을 반영하며 기독교 초기의 3세기 동안 지배적인 이해가 되었다. 그에 따르면 영토소유 사상은 초대교회에서 별로 혹은 전혀 역할을 하지 않는다. 아브람이 하나님을 믿는 패러다임은 땅 수여가 아니라 상속자('자손'; 갈 3:15~18)를 주시겠다는 야훼의 약속을 믿는 패러다임이 되며 그것이 지배적인 견해가 된다. 그러므로 교회는 땅 '밖에' 있는 이스라엘이다. 그래서 이를테면 최초의 복음서인 마가복음에는 교회가 광야를 지나가는 길목에 있는 것으로 묘사한다(예, 막 6:31, 32, 35; 9:2~8; 10:32, 52). 그리고 땅을 소유하거나 땅 '위에' 사는 자들에 대해서는 교회의 관점에서 볼 때 예언자적 제재가 영토의 중심지인 시온에 임하고 땅에 대한 시온의 거룩한 통치권을 무효화시킨다(막 11:20~25; 13:1~31).

성서이후 시대와 현대의 발전

유대교는 유대인의 땅이 없는 상태에서 자신들의 존재 방식을 발전시켜 토라의 율법과 율법의 해설서인 미쉬나(Mishnah)를 줄기찬 희망으로서 성전과 땅 소유를 이론적으로 가정하고 제국의 통치를 받는 자치 공동체의 가장 중요한 원칙으로 삼았다. 로마 제국의 교회는 황제가 인정해주었고 이런 측면에서 교회는 영토에 대한 관심을 다시 갖게 되었다. 거대한 바실리카 성당이 예수의 무덤 위에 건축되었고 그 좌우 수랑(袖廊, 감춰진 복도)과 반원형 지붕은 나중에 거룩한 성묘(聖墓) 교회가 되었다. 교회와 국가의 이러한 합체는 교회가 통치 권력에 협조하기도 하고 반대하기도 하면서 성서적 신앙의 이름으로 교회가 땅을 인수인계하는 긴 역사로 이어졌다. 미국의 경우는 국교를 인정하지 않기 때문에 모호할 뿐이다.

19세기 후반과 20세기에는 영토에 대한 관심사와 함께 민족주의 운동이 유대교 일각에서 꽃을 피웠다. 그것은 오토만 제국과 영국의 식민통치를 받는 팔레스타인에 점차적으로 정착하면서 중요하게 되었고 홀로코스트(유대인 대학살—옮긴이) 이후 꽃을 피웠으며 20세기 중반에는 국가를 세웠다. 그 영토는 고대 이스라엘 땅 혹은 그에 준하는 영역이지만 고대 이스라엘의 경계선과 전혀 일치하지 않는다. 그럼에도 불구하고 이러한 관심은 '이스라엘 땅'이란 용어로 표현되었다. 그것은 팔레스타인 땅에 대한 유대인의 권리를 내세운 민족주의 개념으로서 이스라엘의 소중한 자치구역을 되찾으려는 움직임으로 나타났고 민주주의란 이름으로 매입하고, 정복하고, 식민지로 삼고 외부의 도움을 받아 확보한 것이다.

참고문헌

Benvenisti, Meron. *Sacred Landscape: The Buried History of the Holy Land since 1948*. Berkeley: University of California Press, 2000.

Borowski, Oded. *Agriculture in Iron Age Israel*. Winona Lake, Ind.: Eisenbrauns, 1987.

Davies, W. D. *The Gospel and the Land: Early Christianity and Jewish Territorial Doctrine*. Berkeley: University of California Press, 1974.

Davies, W. D. *The Territorial Dimension of Judaism*, Berkeley: University of California Press, 1982.

Hoffman, Lawrence A., ed. *The Land of Israel: Jewish Perspectives*. Notre Dame, Ind.: University of Notre Dame Press, 1986.

Hopkins, David. *The Highlands of Canaan: Agricultural Life in the Early Iron Age*. Sheffield: U.K.: Almond Press, 1985.

Janzen, Waldemar. "Land." In *Anchor Bible Dictionary*, edited by David Noel Friedman, Vol. 4, pp. 143~154. New Haven, Conn.: Yale University Press, 1992.

Sand, Shlomo. *The Invention of the Land of Israel: From Holy Land to Homeland*. London: Verso, 2012.

Stavrakopoulou, Francesca. *Land of Our Fathers: The Roles of Ancestor Veneration in Biblical Land Claims*. New York: T&T Clark, 2010.

Wright, Christopher J. H. *God's People in God's Land: Family, Land, and Property in the Old Testament*. Grand Rapids, Mich.: Eerdmans, 1990.

4

엘리야[1]

엘리야('야훼는 나의 하나님이다' 또는 '야훼는 나의 힘이다')는 주전 9세기 오므리 왕조 시절에 살았던 하나님의 예언자였다. 그는 놀랍고도 때로는 괴이한 행동을 보여주었다. 이런 행동들은 엘리야가 하나님을 대변한다는 사실을 입증해주었고 이와 관련하여 오므리 왕조를 전복시킨 이야기를 인증해주었다.

A. 엘리야 이야기(왕상 17~19장; 왕하 1~2장)

엘리야 이야기는 가뭄을 선포하면서 시작한다. 그는 동쪽으로 도망하여 작은 계곡에 장막을 쳤다. 그는 까마귀가 물어다 준 식량을 먹었고 시냇물이 마를 때까지 그 물을 마시면서 지냈다. 그는 서쪽에 있는 두로 부근의 해변 마을

---

1 Robert B. Coote, "Elijah," *The New Interpreter's Dictionary of the Bible*, vol. 2(D-H), edited by Katherine Doob Sakenfeld (Nashville: Abingdon, 2007), 241~243. Abingdon 출판사의 허락을 받고 번역, 수록함.

사렙다로 가 기근에 시달리는 과부와 그녀의 아들이 사는 집에 머물면서 밀가루와 기름이 그치지 않는 기적을 베풀었다. 그 집 아들이 병들어 죽자 엘리야는 하나님께 기도하여 다시 살려냈다. 엘리야는 아합 왕과 백성이 보는 앞에서 수백 명의 선지자가 섬기는 바알 신과 엘리야가 대변하는 야훼 사이에 준비한 제단에 불로 먼저 응답하는 신이 이기는 시합을 제안했다. 바알 신은 패배했고 야훼의 불은 제물뿐 아니라 제단의 나무, 돌, 땅 심지어 엘리야가 끼얹은 물까지도 모조리 태워버렸다. 엘리야는 패배한 바알 선지자들을 칼로 도륙했다. 엘리야는 아합을 갈멜산 꼭대기로 데리고 가서 기근이 끝났다고 선언하고 폭우가 쏟아지기 전에 왕을 병거에 태워 궁으로 돌려보낸다. 그러나 그는 달리기로 왕의 병거를 앞질러 먼저 도착한다. 엘리야는 아합의 아내이며 두로 왕의 딸 이세벨이 그녀의 선지자들을 전부 죽인 일로 격분하자 도망간다. 사십 일을 걸어 호렙에 도착한 그는 동굴 입구에서 광풍, 지진, 불을 체험한 뒤에 야훼로부터 다메섹과 사마리아의 강력한 왕조를 전복시킬 하사엘과 예후 그리고 자신의 계승자 엘리사에게 기름을 부으라는 명령을 듣는다. 엘리야는 아합 왕이 자영농부 나봇을 재판에 넘겨 죽인 일을 비난하면서 아합이 나봇의 포도원을 빼앗으러 가는 길목에서 아합을 만나 아합과 이세벨이 죽을 것이며 오므리 왕조는 끝장날 것이라고 선고한다. 엘리야는 아합이 죽은 뒤 그의 계승자 아하시야가 부상당한 중에 상처를 치유하기 위해 야훼가 아니라 바알에게 의지한 잘못을 지적하며 그의 죽음을 선고한다. 엘리야를 체포하려고 50명씩 두 번 파견된 군사들은 하늘에서 떨어진 불로 두 번 다 몰살당한다. 마지막 에피소드에서 엘리야와 엘리사는 길갈에서 벧엘을 거쳐 여리고, 요단강까지 동행한다. 요단강에서 엘리야는 외투로 강을 내리쳐 드러난 마른 땅을 엘리사와 함께 서쪽에서 동쪽으로 건넌다. 거센 회오리바람과 함께 맹렬한 불 병거와 불 말이 하늘에서 내려와 그를 하늘로 데려간다. 뒤에 남은 엘리사는 엘리야의 계승자로 사명을 수행한다.

B. '예언자' 엘리야

1. 이름과 정치적 역할

엘리야는 '하나님의 사람'이라고 불려진다. 그것은 영적 권능의 중개자에게 붙여주는 호칭이다. 그의 영향력은 정치 영역에까지 미쳤다. 최근에는 이런 인물을 표현할 때 그리스 전통에서 빌려온 지역 영웅(local hero)이란 용어를 쓰고 있다. '하나님의 사람'은 '선견자', ('예언자'로 번역한 단어의 원래 의미인) '부름을 받은 자', (보통 '천사'로 번역하는) '심부름꾼, 사자', 그리고 '선포자'라는 명칭과 겹친다. 엘리야와 엘리사 모두 굶주린 자를 돕는 사람으로 묘사된다. 하지만 엘리야 자신이 가난했는지는 알 수 없다. 엘리야의 처신은 거의 항상 이스라엘의 왕과 신하들을 향한 것이었다. 예언자와 왕의 상호관계 속에서 예언자는 왕조의 계승, 왕이 일으킨 전쟁, 사법 정책과 결정, 국가 규모의 제의를 거행하는 성소의 권위 등을 승인한다. 이것은 성경의 예언자들이 전형적으로 하는 일이다. 이 모든 예언자의 역할들이 엘리야 이야기 속에 등장한다.

2. 사후에도 나타나는 권능

고대 근동 문헌을 보면 영웅의 능력은 전형적으로 죽은 뒤에도 나타난다. 엘리야는 성서 전통(말 4:5)과 거기서 파생한 전통에서 사후에도 권능이 나타나는 영웅의 원형적 사례이다. 영웅은 주로 그의 무덤에서 숭배되었다. 하지만 엘리야는 죽어서 매장된 것이 아니라 산 채로 하늘로 올라갔다고 말한다(왕하 13:20~21의 엘리사와 대조된다). 그래서 무덤 숭배가 불가능하다. 이러한 종말을 맞이한 엘리야는 에녹과 같다(창 5:24; 히 11:5; 시락 44:16). 성서 전통 속에서 에녹은 환상을 주는 사람으로, 엘리야는 정치적으로 기적을 행하는, 다시 살아난 자로 특별한 역할을 했다. 엘리야를 제외한 지역 영웅들은 성서 전통에서 사후에 아무런 역할도 하지 않는다. 오경과 예언서는 이미 죽은 영웅에 대한 숭배와 무덤 제의를 폄하하거나 무시하는 경향이 있다. 이것은 통치하는 왕실이 잠재적 능력을 지닌 정치적 반대세력을 경계하는 모습을 반영한다. 이와 똑같이 조심스런 태도가 성경의 예언서에 나타난 독점적인 권위를 가진 고독한 예언자 개념에서도 나타난다. 그것은 지역 영웅을 지지하는 사회적 관계망과 상충되는 개념이다. 그것은 성경의 예언서에 빈번히 등장하는 기적 이야기에도 나타나는 것 같다.

C. 오므리 왕조를 찬탈한 예후 왕조의 정당화

엘리야의 무덤이 없다는 것은 그의 이야기가 엘리사를 예견하는 일화들과 모세와 비슷하게 보이는 장면들을 합성하여 정교한 문학적 구조 속에 종합적으로 표현한 필연적인 결과이다. 이 이야기는 주전 842년 오므리 왕조를 찬탈한 예후 왕조를 정당화하기 위해 작성되었다. 작성 시기는 사건이 벌어진 이후인 주전 9세기 후반이었을 것이다.

1. 예후 통치기 이후의 작성

엘리야의 일화들은 오므리 왕조가 통치하던 시기에 벌어진 것으로 기록되어 있으나 현재 형태 속에서 그것들은 엘리야 다음에 등장하는 엘리사 이야기를 상기시킨다. 엘리사 이야기는 전체적으로 엘리야보다 민담 성격이 짙다. 하지만 학자들은 그것이 오므리 시대보다는 9세기 후반의 정치적 상황을 반영한다고 믿고 있다. 엘리야 이야기가 엘리사 이야기를 본뜨고 있으므로 그것은 예후 왕의 시대가 아니라 시리아의 침공에 직면한 예후 왕조가 국가적 부흥을 겨냥하여 작성했을 것이다.

2. 정당화 이야기의 구조

엘리야 내러티브는 주요한 일화 셋을 두 번 조합한 형태로 되어 있다. 도합 여섯 개의 일화는 각각 세 부분으로 나누어진다. 두 번의 조합은 대칭 구조로 되어 있고 구별되면서도 연관된 두 가지 이슈를 말한다. 첫 번째 조합에 들어있는 일화들(왕상 17~19장)은 엘리야의 독보적인 권위를 세워준다. 그는 누가 보아도 '하나님의 사람'이고 그의 입에서 나온 야훼의 말씀은 '참되고'(17:24; 18:41, 45) 예언자들 가운데 그만이 홀로 남아서(19:10, 14) 호렙에서 왕조의 교체 작업을 실시하라는 사명을 받는다(19:15~17). 두 번째 조합은 엘리야가 호렙에서 받은 사명이 나중에 성취되는 모습을 전한다. 그것은 시리아와 이스라엘의 강력한 통치자들을 무너뜨리기 위해 다메섹에서는 하사엘에게, 사마리아에서는 예후에게 기름을 붓는 두 가지 일을 엘리사가 실행하는 것이다. 두 번째 등장하는 세 가지 일화와 이를 비춰주는 엘리사 사건들은 교차대구 또는 반지 구조를 이룬다. 열왕기상 21장은 열왕기하 9~10장("개들이 이세벨을 먹을 것이다")과, 열왕기하 1장은 열왕기하 8:7~15("내가 이 병에서 살아나겠는가")과 읽혀지며, 열왕기하 2:1~18은 중앙에 위치한다.

3. 모세와 연결

엘리야가 모세의 닮은꼴로 나타나는 단락은 두 개의 일화에 국한되어 있지만 이것은 내러티브 전체에서 아주 중요하다. 그 내러티브는 호렙에서 사명을 받고(왕상 19장) 사명의 실행을 시작하는 엘리사에게 기름을 붓는 일(왕하 2:1~18)로 되어 있다. 예후 왕조의 정권 찬탈과 시리아의 지원을 정당화할 때 저자는 아주 신중하게 왕조의 합법성을 선언하는 예언자와 정치체제인 이스라엘이 지파 연맹에서 군주제로 변한 지 오랜 뒤에도 여전히 지파 이스라엘을 옹호하는 존재(모세)와 연결시킨다. 사상적으로 군주제에 반대하는 지파 전승은 주전 9세기 이후에 정치적 활력을 얻었다. 그것은 이후의 이스라엘 왕조들을 불안정하게 만들기도 하고 그래서 왕조를 더욱 강화시키는 데 기여했다. 군주제에 반대하는 전승을 왕실에서 기록한 엘리야-엘리사 내러티브는 여러 예언서처럼 대중의 관심사에 호소하는 모습으로 비춰지도록 하는 의도를 지닌다.

4. 두 개의 전쟁 관련 기사

예후 왕조가 작성한 문서에는 엘리야 시대에 사마리아와 다메섹 사이에 벌어진 두 개의 전쟁 이야기가 들어있다. 엘리사 이야기에는 없는 것들이다. 첫 번째 전쟁 기사(왕상 20장)에는 익명의 예언자 둘이 등장한다. 하나는 이스라엘 왕의 종말을 선포한다(엘리야는 열왕기상 21장에서 왕조의 종식을 선언한다). 다른 하나(왕상 22장)는 예언자 미가야가 등장하여 재앙 환상을 통해 400명의 궁중 예언자가 똑같은 목소리로 예고한 승리를 반박한다. 결국 미가야의 말이 옳은 것으로 판명되고 왕은 죽는다. 이 두 이야기는 이스라엘의 왕의 이름을 언급하지 않으나 현재 형태로는 그가 아합임을 암시한다(칠십인역에서 열왕기상 21장이 열왕기상 19장 뒤에 나오고 20장과 22장이 그 뒤에 나란히 나온다).

5. 오므리-페니키아 동맹에 대한 공격

오므리 왕조는 이스라엘 왕조 가운데 가장 강력했고 아합 왕은 시리아-팔레스타인의 반앗수르 동맹을 성공적으로 이끌었다. 오므리 왕조는 두로와 맺은 동맹으로 강력해졌다. 그것은 레반트에서 앗수르 세력이 상승세를 타기 때문에 만들어진 것이다. 오므리와 두로의 동맹은 집약농업과 상업화를 동반했고, 그로 인해 이스라엘 농민의 경제적·사회적 스트레스가 고조되었다. 그런 상황은 엘리야 이야기와 특히 엘리사 이야기에 잘 나타난다. 동맹을 통해 두로의 바알 제의가 사마리아에 유입되었다. 바알은 이 동맹을 상징했고 그로 인해 소수가 혜택을 받고 다수는 짐을 지는 상황을 옹호했다. 엘리야가 바알을 경멸하고 예후가 바알 제의를 점차적으로 말살한 사실(왕상 19:18; 왕하 10:18~28)은 이 동맹이 농업과 사회에 미친 파장을 공격한 것이다.

D. 신명기 역사 속의 엘리야 내러티브

엘리야와 엘리사 내러티브(왕상 17장~왕하 10장)는 다윗 가문의 통치를 정당화하는 전체 신명기 역사 속에서 가장 일관성 있는 단락이다. 신명기 역사는 다윗 왕가가 통치하는 전체 기간을 통틀어 점진적으로 형성되었다. 주로 다윗 가문이 사울 가문의 왕권을 찬탈하는 핵심 내용(대략 삼상 15장~삼하 6장)을 곳곳에서 업데이트하는 방식으로 이루어졌다. 예후 왕조가 작성한 엘리야와 엘리사 내러티브는 다윗 왕조의 통치권 밖에 있는 정치적 이슈를 다룬다. 이것은 사마리아가 멸망한 뒤 히스기야 시대에 다윗 왕가의 역사에 포함되었을 것이다. 히스기야는 정치국가 이스라엘의 통치권을 회복하는 것은 물론이고 약 150년 전의 오므리 왕가처럼 지배적인 역할을 하기를 원했다. 신명기 역사의 포로 전기 편집본에서 엘리야 내러티브에 추가된 단락은 열왕기상 22:37~53과 열왕기하 1:17~18이다. 신명기 역사의 포로기 편집단락은 열왕기상 21:27~29이며 포로기 신명기 역사서의 초점인 회개를 강조한다. 다윗 왕조가 이 긴 단락을 사용한 것이 적절했는지는 분명하지 않다. 왜냐하면 그것이 원래 다윗의 통치권을 부정하기 때문이다. 엘리야의 열두 개의 돌 제단과 엘리사의 열두 겨리의 황소는 오랫동안 간직해온 이스라엘의 열두 지파 개념을 상징한다. 열두 지파는 예루살렘의 다윗 왕가가 아니라 유다를 포함한 이스라엘 왕의 통치를 받았다.

E. 유대교 전통, 신약성서 그리고 이슬람의 엘리야

쿰란의 훈련안내서(Manual of Discipline)와 미쉬나 전통에서는 엘리야를 장차 올 메시아의 전조로 묘사한다. 복음서에서 예수는 엘리야나 엘리사와 비슷한 권능 넘치는 행위를 보여주기 때문에 엘리야로 생각하는 사람들이 있었다(마 11:14; 16:14; 막 6:15; 눅 9:8; 요 1:21). 변화산 이야기에서 엘리야와 모세는 예수와 함께 나타난다(마 17:3~4; 막 9:4~5; 눅 9:30~33). 침례 요한은 엘리야의 심령을 지녔다고 말한다(눅 1:17). 엘리야는 마가복음서를 통틀어 이야기 속에서 아주 중요한 역할을 한다(막 6:15; 8:28; 9:4~13; 15:35~36). 누가복음에서 예수는 하나님의 기름 부음을 받은 자로서 예언자가 고향에서 환영받지 못하며 엘리야와 엘리사처럼 그의 사명은 그를 이스라엘의 영토 밖으로까지 이끌고 갈 것이라는 말을 하면서 공생애를 시작한다(눅 4:16~30; 눅 9:8, 19도 참조). 코란의 엘리야는 모하메드의 선구자로 언급된 예언자들 가운데 한 명으로 들어 있다.

참고문헌

Thomas L. Brodi. *The Crucial Bridge: The Elijah-Elisha Narrative As an Interpretive Synthesis of Genesis-Kings and a Literary Model of the Gospels* (2000).

Walter Brueggemann. *Testimony to Otherwise: The Witness of Elijah and Elisha* (2001).

Robert B. Coote, ed. *Elijah and Elisha in Socioliterary Perspective* (1992).

Marsha C. White. *The Elijah Legends and Jehu's Coup* (1997).

5

엘리사[1]

엘리사는 주전 9세기에 살았던 전설적인 인물로서 기적을 행하는 자였다(왕상 19:16~21; 왕하 2:1~10:27; 13:14~21). 엘리사와 같은 지역 영웅들은 보통 한 명이 또 다른 한 명을 계승하면서 짝을 지어 나타난다. 그런 식으로 엘리사는 엘리야를 계승했고 성서에 그들의 이야기는 함께 등장하여 예후가 오므리 왕조를 찬탈하고 이스라엘 역사상 가장 장수한 왕조인 예후 또는 님시 왕조를 세운 일을 지지했다(왕하 9:2). 엘리야처럼 엘리사 이야기 대부분은 그가 왕들이나 토착민중과 관계하는 모습을 보여준다. 그중 두 개의 연관된 이야기는 부유한 수넴 여인과 관련되어 있고 그녀의 이야기는 왕을 언급하면서 시작하고 끝맺는다(왕하 4:8~37; 8:1~6). 엘리사는 이스라엘 사람이지만 왕과 관련된 문제를 다룰 때는 이스라엘을 넘어서 모압, 에돔, 수리아까지도 취급했다.

---

1 Robert B. Coote, "Elisha" *The New Interpreter's Dictionary of the Bible,* vol. 2(D-H), edited by Katherine Doob Sakenfeld(Nashville: Abingdon, 2007), 245~246. Abingdon 출판사의 허락을 받고 번역, 수록함.

엘리야와 엘리사 이야기가 함께 작성되긴 하였으나 둘은 상당한 차이가 있다. 야훼와 바알의 갈등은 주로 엘리야 이야기에서 나타나고 엘리사 이야기에서는 전혀 나타나지 않다가 예후의 쿠데타를 언급하는 마지막 장면에서 언급되고 거기서도 엘리사는 나타나지 않는다. 엘리사 이야기에서는 딱 한 군데 열왕기하 4:42~44에 등장한다. 엘리야 이야기 후반부는 부분적으로 엘리사 이야기에 기초하여 작성된 것으로 보인다. 엘리사 이야기가 엘리야 이야기에 의존하는 모습은 보이지 않는다.

신명기 역사가들은 엘리사 내러티브에 여러 차례 연대기 정보와 상세한 설명을 제공한다(왕하 3:1~3; 8:16~27; 9:29; 10:28~36). 이것들을 제외하면 엘리사 내러티브는 길고 짧은 형태의 일화 열다섯 개로 이루어져 있다. 짧은 일화는 대부분 엘리사가 가난한 자를 구제하려고 일으킨 기적을 말한다. 엘리사는 우물에 소금을 던져 먹을 수 있게 만든다. 과부의 마지막 남은 기름을 자기에게 대접한 대가로 항아리에 기름이 차고 넘치게 하여 그녀가 빚을 다 갚고 아들들이 노예로 팔려가지 않도록 구해준다. 독이 든 국에 밀가루를 뿌려 먹을 수 있게 해 준다. 백 명이나 되는 사람을 겨우 보리 떡 이십 개로 먹이고도 음식이 남는다. 빌린 도끼가 요단강에 떨어지자 나뭇가지를 던져 건져낸다. 이런 유형의 이야기들은 주로 전반부에 모여 있다. 그것들은 엘리사의 권능을 알려주고 그를 유명하게 만든다. 여기에 치유, 소생, 굶주린 자들을 먹이기, 채무 경감, 자식 없는 사람의 임신, 투시, 그리고 그의 기도를 야훼가 들어 응답하신다는 것을 알게 해주는 내용으로 되어 있다.

엘리사의 가장 위대한 권능이며 내러티브에서 주된 역할을 하는 것은 왕을 능가하는 그의 권능일 것이다. 그는 왕으로부터 아무런 처벌도 받지 않으며 무적이고 야훼의 불 병거라는 초자연적 군대를 불러내는 능력을 보여준다. 엘리야-엘리사 내러티브에 속하지 않는 마지막 이야기에서 예후의 손자이며 제3대 후계자인 이스라엘 왕 요아스는 불 병거를 보고 엘리사를 '아버지여'라고, 즉 주인님이라고 부른다. 엘리사가 그의 주인 엘리야를 '아버지여'라고 부른 것과 같다(왕하 2:11~12; 13:14; 5:13과 왕하 2:3 등등을 비교하라). 엘리사의 권능이 왕보다 뛰어남을 강조하는 것은 예후 왕조가 오므리 왕조를 전복시킨 행위를 정당화하는 이야기의 목적과 어울리며 그것은 긴 일화로 전해진다. 내러티브에는 이 긴 일화가 지배적으로 많다. 그런 이야기는 여덟 개다. 서두에서 엘리야를 엘리사가 계승하는 이야기는 예후의 쿠데타를 부추긴다. 서두에 이어 남은 일곱 개의 이야기는 모두 왕이 등장하고 이 중 (수넴 여인 이야기는 제외하고) 여섯 개의 이야기는 전쟁이나 전투 이야기이다(비교되는 증거로 판단할 때 '예언자'들은 엘리야와 엘리사가 보여주듯이 종종 군사적 기능을 가졌다; 고대 팔레스타인 예언자의 군사적 기능은 성서에서 방어력이 없는 예언자라는 지배적 상징의 가면을 쓰고 있는 것일 수도 있다.)

이 여섯 개의 전쟁 일화가 한데 뭉쳐 전체 내러티브의 주제를 나타낸다. 처음과 마지막 일화는 사마리아와 예루살렘의 동맹을 묘사하는데 먼저는 모압(왕하 3:1~27) 그 다음에 아람(왕하 8:28~10:27)과 맞서 싸우기 위해서이다. 동맹군의 목표는 다메섹과 맞서 싸우려는 것이 아니라 그들과 동맹을 맺어 예후가 이스라엘 '열두 지파'를 다시 통일시키는 데 있다. 가운데 네 개의 일화는 발전한다. 처음에는 아람의 노략질과 은연중 이스라엘 왕이 수치를 당하는 내용(왕하 5:1~27)으로 시작하여 점점 아람의 침략 횟수가 많아지다가(6:8~23) 아람이 사마리아를 포위 공격한 뒤(6:24~7:20) 문제의 해결책으로 아람 왕의 권력 찬탈(8:8~15)까지 이어진다. 이 긴 여섯 개의 일화 가운데 처음 다섯 개의 일화에서 엘리사는 이스라엘 왕을 다치지 않게 구해준다. 그러나 초점은 엘리사가 여호람을 배려했다는 것이 아니다. 엘리사가 여호람의 왕권을 전복시키는 일은 엘리야의 사명이며 엘리야가 오므리 왕조를 맹렬히 비난할 때 이미 운명지어져 있었다. 하지만 엘리야의 권능을 물려받은 엘리사의 권능은 이스라엘 역사 초기의 예언자들처럼 왕들을 세우고 폐할 수 있었다. 그것도 이스라엘에게만 국한된 일이 아니었다.

현재 형태의 엘리사 내러티브는 엘리사의 모든 활동을 실제로 오므리 왕조의 마지막 왕 여호람이 다스릴 때 일어난 것으로 기록한다. 그래서 여호람 왕권의 전복을 설명하려는 목적과 부합한다. 그러나 내러티브 전체의 배경이 되는 아람 족속의 침공은 예후의 쿠데타가 일어나기 전인 9세기 중반보다는 그 일이 벌어진 뒤이며, 다메섹의 권력이 최고조였던 주전 9세기 후반의 정치 상황을 반영하는 것으로 오랫동안 파악되어 왔다. 최근에는 엘리야-엘리사 내러티브가 요아스 때에 작성된 님시 왕조 후기의 해명서이며, 예후의 반란을 정당화하는 것이 아니라 북쪽의 하맛을 지키려는 하사엘에게 군대를 파견한 예후 정책의 실패에 대한 이스라엘의 불만을 잠재우는 것이 목적이었다고 하는데, 일리 있는 주장이다.

엘리사 이야기는 복음서의 예수 이야기를 작성하는 데 영향을 주었다. 중요한 사례가 열왕기하 4:42~44의 군중을 먹인 이야기이다. 출애굽기 16장의 만나 이야기에 기원한 음식이 남는 주제를 복음서들은 각자의 방식으로 다룬다. 엘리야-엘리사 내러티브는 이런 개별적인 모티프를 넘어서서 복음서들에 상당한 영향을 준 것으로 보고 있다.

참고문헌

Thomas L. Brodie. *The Crucial Bridge: The Elijah-Elisha Narrative As an Interpretive Synthesis of Genesis-Kings and a Literary Model of the Gospels* (2000).

Walter Brueggemann. *Testimony to Otherwise: The Witness of Elijah and Elisha* (2001).

Robert B. Coote, ed. *Elijah and Elisha in Socioliterary Perspective* (1992).

6

이스라엘의 역대 왕조*

(이탤릭: 찬탈자/왕조창건자; 굵은 글씨: 도성이나 성채 변경; 첨자b: 유혈사태)
다스린 영토는 매우 다양하다

1. *사울* {**기브아**}
   이스바알

2. *다윗*[b] {**예루살렘**}
   솔로몬
   [동강난 다윗왕조]__________(연대를 조정하지 않음)__________ ↓

3. *여로보암*[b1] {**세겜**}
   나답 아비야

4. *바아사*[b] {**디르사**}
   엘라

5. *시므리*[b]

6. *오므리*[b] {**사마리아**}
   아합
   아하시야
   여호람

7. *예후*[b] (843~/839~?)
   여호아하스
   요아스
   여로보암
   스가랴

8. *살룸*[b]

9. *므나헴*[b] (745~736)
   브가야

10. *베가*[b]
    호세아[b] (~723/22)[2]

르호보암
아사
여호사밧
여호람
아하시야
{아달리아}
요아스
아마지야
웃시야
요담
아하스
히스기야
므낫세
아몬
요시야
여호아하스
여호야김
여호야긴(598; 바벨론 유배)
시드기야(598~587)
?
스룹바벨('바벨의 후예')
?

* 이 도표는 본서의 논지를 이해하는 데 도움이 되도록 저자인 쿠트 교수가 작성한 것이다. 쿠트 교수는 솔로몬 사후 이스라엘 왕국은 여로보암이 세운 북스라엘 왕국으로 이어지고, 유다 왕실은 예루살렘 일대의 지방 정권이었다고 본다. 북이스라엘 왕국이 망한 후 지방 정권이었던 유다 왕실이 이스라엘에 대한 통치권을 회복하려는 목적으로 쓰여진 것이 신명기 역사라는 것이다. 도표에서 북이스라엘 왕국이 망한 722년은 오른쪽에 표시된 유다 왕실의 히스기야가 즉위한 지 6년이 되는 해이다. 즉 그 이후로는 남쪽의 유다 왕실만이 존속하였다. —옮긴이

1 유혈충돌에 관해, 왕상 14:30을 참조하고 12:12~24와 대조하라. 신명기 역사와 같은 입장의 전통적 견해에 따르면 르호보암이 즉위하면서 이스라엘은 둘로 '분열'되었다. 그러나 여로보암이 다윗 가문의 왕권을 찬탈한 사건을 다른 왕권 찬탈 사건과 다른 범주로 볼 이유는 없다. 왕권을 찬탈당한 다윗 가문은 존속했지만, 실제로 이스라엘의 왕은 아니었다.

2 헤이스-밀러의 역사서 도표, 318: '사마리아 멸망(722). 이후로 이스라엘은 사라진다.' 이것은 전통적인 견해이다. 하지만 남아 있는 다윗 가문—아하스나 히스기야는 사마리아가 패망한 뒤에도 왕이었다—은 사태를 다르게 이해했다. 그들은 내내 이스라엘의 합법적인 왕가였고 이제 사마리아가 패망하였고 더 이상 사마리아에 기반을 둔 경쟁자가 없었으므로 고대 이스라엘의 영토에 대한 원래의 소유권 주장을 다시 시작했다. 처음에는 앗수르에 맞섰고 다음에는 앗수르, 바벨론, 페르시아의 순서대로 관계를 맺으면서 그런 주장을 폈다. 훗날 다윗 가문이 유다 지파의 땅이 아닌 이스라엘 땅까지 다스렸는지는 의심스럽다. 다리우스 재위 시대에 다윗 왕가가 사라지면서 다윗 가문은 페르시아와 헬라제국 시대에 예루살렘에서 제사장이 총괄하는 군주제로만 존속했다. 하스몬 왕조와 헤롯 왕조는 다윗 가문과의 연속성이 없다. 그래서 다윗 가문 출신으로서 왕권을 주장하는 운동은 반복해서 일어날 가능성이 남아 있었다.

지은이

로버트 B. 쿠트(Robert B. Coote)

1966년 하버드 대학교의 학부를 졸업하고 1972년 동 대학원에서 Ph.D 학위를 받았으며, 1975년부터 샌프란시스코 신학대학원San Francisco Theological Seminary과 버클리의 신학대학원연합Graduate Theological Union(GTU)의 구약학 교수를 역임하다가 은퇴하였다. 성서와 고대 중동 분야에서 국제적으로 명성이 높은 학자로서, 주로 이스라엘의 초기 역사 및 성서의 형성사를 연구하였으며, '구약성서 형성의 역사' 4부작은 그의 대표적 저서이다.

옮긴이

우택주(1958~)

한양대학교와 서울신학대학교 대학원을 졸업하고, 연세대학교 연합신학대학원에서 신학석사 학위를 받았다. 그 후 뉴욕의 유니온 신학원Union Theological Seminary에서 신학석사, 쿠트 교수가 재직하던 버클리의 신학대학원연합(GTU)에서 Ph.D 학위를 받았다. 현재 침례신학대학교 구약학 교수로 재직하고 있으며, 쿠트 교수의 저서 중 『성서의 처음 역사』, 『여로보암과 혁명의 역사』, 『아모스서의 형성과 신학』 및 『성서 이해의 새지평』을 번역하였다. 그 외에도 구약에 관한 많은 저서와 역서가 있다.

한울아카데미 2290

신명기 역사

지은이 | 로버트 쿠트
옮긴이 | 우택주
펴낸이 | 김종수
펴낸곳 | 한울엠플러스(주)
편 집 | 김용진

초판 1쇄 인쇄 | 2022년 1월 10일
초판 1쇄 발행 | 2022년 1월 20일

주소 | 10881 경기도 파주시 광인사길 153 한울시소빌딩 3층
전화 | 031-955-0655
팩스 | 031-955-0656
홈페이지 | www.hanulmplus.kr
등록번호 | 제406-2015-000143호

Printed in Korea.

ISBN: 978-89-460-7290-9 93230(양장)
ISBN: 978-89-460-8045-4 93230(반양장)

* 책값은 겉표지에 표시되어 있습니다.